ケースで学ぶ
犯罪心理学

越智啓太 著 Keita Ochi

北大路書房

はじめに

◈

　この本は，大学心理学科の専門科目用の犯罪心理学のテキストである。
　現在，日本の大学での「犯罪心理学」講義は大きく二つの流れに分けることができる。おもに家庭裁判所調査官や法務省の出身の教員によって行われている少年非行・矯正関係の臨床心理学的な「犯罪心理学」と，おもに警察の科学捜査研究所出身の教員によって行われている捜査心理学や犯罪者行動の分析を中心とした「犯罪心理学」である。本書は後者の立場に立って書かれた犯罪心理学のテキストである。
　犯罪心理学も他の分野の心理学と同様に，多くの事例をもとに学んでいくことが必要である。しかしながら，従来，犯罪心理学のテキストでは，現在起きていたり，過去に発生したさまざまな事件を参照することはそれほど多くなく，かなり抽象的な理論レベルでの解説が行われてきたことが多かった。本書はこのような慣行に反して，できるだけ多くの実際の事件のケースを紹介することによって犯罪心理学をより身近なものとして学んでもらいたいと考えて構成した。そのため，本書のかなりの部分が実際の国内外の事件のケースの記述にあてられている。これは類書の犯罪心理学テキストにはあまりない試みであり，この本の最大の特徴はこの部分にある。
　読者の皆さんはここにあげられている事件だけでなく，日々新聞で報道されるさまざまな事件についても常にアンテナを張り巡らせ，本書の記述と対応づけながら勉強していただければより効果的だと思われる。なお，犯罪者の名前については，すでに広く報道され知られている犯罪者についてはそのまま固有名詞を使用している。
　もちろん，本書は授業のテキストやそれを補足するためのものとしてだけではなく，捜査の観点からみた犯罪心理学のわかりやすい入門書になっており，

独習も十分可能である。設問と用語集もつけてあるのでぜひ利用していただきたい。

　本書を執筆するにあたっては多くの方々の協力を得た。とくに法政大学大学院博士課程の甲斐恵利奈さんには，一部のケース研究の執筆もお願いしただけでなく草稿に目をとおしていただくなど終始たいへんお世話になった。また，修士課程の喜入暁君をはじめ研究室のメンバーにも，さまざまなアドバイスをいただいた。ここに記して感謝の意を表わしたいと思う。最後になったが，この本の出版にあたっては，いくつかの紆余曲折があり，とくに北大路書房の奥野浩之さんに大変お世話になった。氏の企画力と的確な助言がなければ，この本を世に出すことはできなかった。ここに記して感謝の意を表わしたいと思う。

2013 年 8 月
越智　啓太

目　次

はじめに　i

第1章　連続殺人 …………………………………………………… 1

1．連続殺人の定義　1
2．FBIによるプロファイリング研究のはじまり　2
3．秩序型連続殺人者と無秩序型連続殺人者　2
4．連続殺人犯人の動機による分類（類型論）　4

　（1）幻覚型（visionary）　4
　　　リチャード・チェイス事件 5　／青物横丁医師殺害事件 5
　（2）使命型（mission）　6
　　　マニュエル・バラド事件 7
　（3）快楽型（hedonistic）　7
　　　ジョン・ウェイン・ゲイシー事件 8　／小野悦男事件 10
　（4）パワーコントロール型（power/control）　11
　　　テッド・バンディ事件 11　／自殺サイト連続殺人事件 13

5．連続殺人におけるイマジネーションの役割　14
【連続殺人のまとめと設問】　15

第2章　女性による連続殺人 ……………………………………… 17

1．女性による連続殺人　17
2．女性の連続殺人の分類　17

　（1）黒い未亡人型連続殺人　17
　　　福岡スナックママ連続保険金殺人事件 19　／木嶋佳苗事件 20　／佐賀・長崎連続保険金殺人事件 21
　（2）死の天使型連続殺人　21
　　　ジニーン・ジョーンズ事件 23　／ビバリー・アリット事件 23
　（3）代理によるミュンヒハウゼン症候群　24
　　　ジョージ・グレゴリーのケース 25　／京都のミュンヒハウゼン症候群事件 25

【女性の連続殺人のまとめと設問】　26

第3章 大量殺人 …………………………………………………… 27

1．大量殺人（mass murder）の定義　27
2．大量殺人犯人の分類　27

　(1)　無差別大量殺傷　28
　　　バージニア工科大学銃乱射事件 29　／パトリック・パーディー事件 29　／
　　　下関大量殺傷事件 30　／都井睦雄による津山30人殺し 31
　(2)　犯罪型大量殺傷　31
　　　練馬一家5人殺害事件 32　／宇都宮宝石店強盗放火殺人事件 32
　(3)　家族対象大量殺傷　33
　　　つくば母子殺害事件 34
　(4)　精神疾患・薬物中毒による大量殺傷　34
　　　深川通り魔事件 35　／デイル・ネルソン事件 35

【大量殺人のまとめと設問】　36

第4章 テロリズム …………………………………………………… 37

1．テロリズムの定義　37
2．テロリズムの分類　37

　(1)　左翼テロリズム　37
　　　連合赤軍リンチ殺人事件 38　／日本赤軍テルアビブ空港銃乱射事件 39
　(2)　右翼テロリズム　39
　　　山口二矢による浅沼委員長殺害事件 40
　(3)　宗教テロリズム　40
　　　ハトシェプスト女王葬祭殿における外国人殺傷事件 41
　(4)　新興宗教におけるテロ類似行為　41
　　　オウム真理教地下鉄サリン事件 42　／新興宗教によるサラダバー毒素まき散らし事件 44
　　　／ブランチ・ダビディアン事件（ウェイコ事件）45
　(5)　個人的思想に基づくテロ行為（ローンウルフ型テロリズム）　46
　　　ティモシー・マクベイによるテロ事件 47
　(6)　エコテロリズム　48
　　　シーシェパード 48

3．テロの動向　49

【テロリズムのまとめと設問】　50

第5章 子どもに対する性犯罪 …………………………………… 51

1．子どもに対する性犯罪の定義と現状　51
　　　新潟県村上市の女子中学生連れ回し事件 52　／多摩地区ほか少女対象広域レイプ事件 52

2．子どもに対する性犯罪者の特徴　53
　　仙台女児連続レイプ事件 53　／大阪連続女児レイプ事件 54
3．子どもに対する性犯罪者の分類　54
　（1）固執型ペドフィリア　54
　（2）退行型ペドフィリア　55
　（3）搾取型ペドフィリア　55
　（4）サディスティック型ペドフィリア　55
　　　奈良小1女児殺害事件 55
4．子どもに対する性犯罪の原因　56
5．子どもに対する性犯罪者の矯正手法　57
6．子どもに対する性犯罪者からの防犯　57
　（1）子どもの側に介入する方法　57
　（2）環境に対する介入　58
　　　唾くれおじさんの検挙 59　／格闘技教室を偽装した子どもに対する性犯罪 59
　（3）社会的な防犯手法　60
　　　メーガン事件とメーガン法の成立 60　／住民基本台帳を用いた連続レイプ事件 61
【子どもに対する性犯罪のまとめと設問】　61

第6章　レイプ　……………………………………………………………　63

1．レイプの定義　63
2．レイプ犯人の行動パターン　64
　（1）ストレス対処の失敗とレイプ　64
　（2）レイプ犯の地理的行動パターン　64
3．レイプ犯人の分類　65
　（1）怒り報復型レイプ犯　66
　（2）搾取型レイプ犯　66
　（3）補償型レイプ犯　66
　（4）サディスティック型レイプ犯　67
　　　大久保清事件 67
4．テーマ分析によるレイプ犯の分類　67
　（1）親密性（intimacy）　68
　（2）暴力性（aggression）　68
　（3）性愛性（sexuality）　68
　（4）犯罪性（criminality）　68
　（5）非人間性（impersonal）　68
　　　北海道・東京連続少女監禁（監禁王子）事件 69　／電車内におけるレイプ犯罪と沈黙す

　　　　る傍観者　70
　5．大江らによる少年の性犯罪者の分類　71
　　(1) 反社会的衝動的群　71
　　(2) 非社会的性固執群　71
　　(3) 一過的潜伏群　71
　6．レイプ神話とレイプに関する偏見　72
　【レイプのまとめと設問】　72

第7章　ストーキング …………………………………………………… 75

　1．ストーキングとは何か　75
　　　　レベッカ・シェイファー殺害事件　76　／リチャード・ファーレイ事件　77
　2．ストーカー規制法　77
　　　　逗子ストーカー殺人事件　78
　3．ストーカーの特徴　79
　4．ストーカーの分類　79
　　(1) 拒絶型　80
　　　　桶川女子大生ストーカー殺人事件　80
　　(2) 憎悪型　81
　　　　秘書を追い回した憎悪型ストーカー事件　82　／栃木隣人トラブル殺人事件　83
　　(3) 親密希求型　83
　　　　デビッド・レターマン　ストーカー事件　84　／藤田博さん宅ストーカー殺人事件　84
　　(4) 無資格型　85
　　　　耳かきショップ店員ストーカー殺人事件　85
　　(5) 捕食型　85
　　(6) その他のタイプ　86
　　　　モニカ・セレシュのストーキング傷害事件　86
　5．ストーカーの危険性の推定　87
　【ストーカーのまとめと設問】　87

第8章　ドメスティックバイオレンス …………………………………… 89

　1．ドメスティックバイオレンス，デートバイオレンスの定義　89
　　　　サーマン事件とＤＶ取り締まりの積極化　89
　2．ドメスティックバイオレンスの分類　90
　　(1) 男性優位思想型　90
　　(2) 補償的暴力型　91

(3) 心理的支配型　91
　　　(4) 不安定型　91
　　3．ドメスティックバイオレンスのメカニズム　92
　　　(1) ドメスティックバイオレンスのサイクル　92
　　　(2) 合理化　93
　【ドメスティックバイオレンスのまとめと設問】　94

第9章　放火 …………………………………………………………………… 95

　　1．放火の定義と特徴　95
　　2．放火犯の分類　95
　　　(1) 性的興奮を得るための放火　96
　　　(2) 英雄志向による放火　96
　　　　　英雄志向による放火事件 96
　　　(3) 復讐のための放火　97
　　　　　新宿西口バス放火事件 97
　　　(4) うっぷん晴らしのための放火　97
　　　　　復讐およびうっぷん晴らしのための放火事件 98　／性的目的の不達成のための放火事件 99
　　　(5) 他の犯罪の隠蔽のための放火　99
　　　　　柴又上智大学生殺人放火事件 99
　　　(6) 利得のための放火　100
　　　　　夕張保険金対象放火大量殺人事件 100
　　　(7) テロ行為による放火　100
　　　　　自民党本部放火事件 101
　　　(8) 組織犯罪と関連した放火　101
　　3．子どもによる放火の分類　101
　　　(1) 好奇心タイプ　101
　　　(2) クライシスタイプ（クライ・フォー・ヘルプタイプ）　102
　　　　　宝塚市放火殺人事件 102
　　　(3) バンダリズム・非行タイプ　103
　　　(4) 逃避タイプ　103
　　　　　中学校・高校に対する放火事件 103
　　　(5) 病理タイプ　103
　【放火のまとめと設問】　104

第10章　プロファイリング …………………………………………………… 105

　　1．プロファイリングの誕生　105
　　　　切り裂きジャック事件 106　／マッド・ボンバー事件 107　／ボストン絞殺魔事件 108

2．FBI方式のプロファイリング　109
3．FBI方式のプロファイリングの展開と限界　109
4．リバプール方式のプロファイリング　110
　(1)　リバプール方式のプロファイリングとは　110
　(2)　リバプール式プロファイリングの例　111
　　　ロンドンの鉄道レイプ犯とデビッド・カンターによるプロファイリング 112
5．地理的プロファイリング　113
　(1)　犯人の居住範囲の推定　113
　(2)　犯人の居住地点の推定　114
　　　ワシントン・ベルトウェイ連続狙撃事件と犯人の居住地 115　／ヨークシャー・リッパー連続殺人事件と犯人の居住地 116
　(3)　バッファーゾーン　116
　(4)　次の犯行地点の予測　117
6．日本警察へのプロファイリングの導入　118
　　　神戸連続児童殺傷事件 119
【プロファイリングのまとめと設問】　119

第11章　虚偽検出　121

1．トリックを使った虚偽検出　121
　　　犯人を見つけるための古典的な方法：真実の山羊 122
2．ノンバーバル行動からの虚偽検出　122
3．表情の偽装の見破り　123
4．連想検査を使用した虚偽検出　124
5．末梢神経系反応を利用した虚偽検出　126
　(1)　生理学的虚偽検出の歴史　126
　(2)　コントロール質問法　127
　(3)　隠蔽情報検査（CIT）　128
　(4)　ポリグラフ検査における「反応」とは　129
　(5)　CQTによるポリグラフ検査の正確性　130
　(6)　CITによるポリグラフ検査の正確性　130
6．日本の警察におけるポリグラフ検査の実務　131
　(1)　ポリグラフ検査の実務の実際　131
　(2)　誤ったポリグラフ検査の実施法　132
7．中枢神経系反応を利用した虚偽検出　133
　(1)　事象関連電位とは　133

(2) 事象関連電位を用いた虚偽検出　134
　　　(3) fMRI を使用した虚偽検出　135
　【虚偽検出のまとめと設問】　135

第12章　目撃証言　……………………………………………………………………　137

　1．事後情報効果　137
　　　(1) イノセンスプロジェクトと目撃証言の誤り　137
　　　(2) 事後情報効果　138
　　　(3) フォールスメモリー　139
　2．子ども・高齢者の目撃証言　140
　　　(1) 子どもの目撃証言　140
　　　　　甲山事件裁判と子どもの証言　141
　　　(2) 高齢者の目撃証言　142
　3．面割りと面通し　143
　　　(1) 似顔絵とモンタージュ写真　143
　　　(2) 手配写真　144
　　　　　時効直前に検挙された福田和子　144　／市橋達也　リンゼイさん殺害事件　145
　　　(3) 面割りと面通し　146
　4．目撃証言の鑑定　148
　　　　　自民党本部放火事件におけるフィールド実験鑑定　148
　【目撃証言のまとめと設問】　149

付章　映画で学ぶ犯罪心理学　……………………………………………………　151

　1．連続殺人　151
　2．大量殺人　154
　3．テロリスト　155
　4．ストーカー　156
　5．性犯罪　157
　6．日本の警察の組織と捜査活動　157
　【まとめ】　159

> [コラム]
> 日本における殺人事件のタイプ　14
> なぜテロに屈してはいけないのか　49
> ポルノグラフィと性犯罪の関係　65
> ドメスティックバイオレンスと男性の嫉妬　91
> ドメスティックバイオレンスにおける反復思考　93
> ユングによる連想検査を用いた窃盗犯人の発見事例　124
> 心理試験　125
> 面割りと裁判所の立場　147

引用文献・参考文献　161
人名索引　164
事項索引　166

第1章 連続殺人

1 連続殺人の定義

　連続殺人(serial murder)とは，一人（まれに二人）の犯人が一度に一人（まれに二人以上）を殺害し，一定の犯行を行わない期間（これを冷却期間という）をはさんで，また殺害を行い，これを繰り返すタイプの殺人のことである。冷却期間がない場合は，スプリー殺人(spree murder)という。

　通常の殺人事件は，被害者と加害者に金銭貸借関係や愛人関係，個人的な恨みなど事前の人間関係がある場合が多い。このような関係性をVO(Victim-Offender)関係という。VO関係のある事件は，犯人を突き止めるのはじつはそれほど難しくない。なぜなら，被害者の友人や家族から話を聞き，被害者の携帯電話経歴やメール経歴，手帳などを調べれば，被害者とトラブルになっている相手が（多くの場合）一人，浮かんできて，実際にその人物が犯人であることが多いからである。

　ところが，連続殺人事件の中には，かなりの割合でこのVO関係がない犯罪が存在する。たとえば，性的な動機をもとにして見ず知らずの相手を対象になされる連続殺人がその例である。このような事件を検挙するのは一転して難しくなる。被害者の身辺情報をいくら探っても犯人とはつながってこないし，また，犯人がうっかり現場に凶器などの手がかりを遺留してしまったとしても，その多くは大量生産品であり，そこから犯人にたどり着くことも難しいからである。

2 FBIによるプロファイリング研究のはじまり

　アメリカの連邦警察であるFBI（Federal Bureau of Investigation：連邦捜査局）は，1960年代後半くらいから，この連続殺人事件に目をつけていた。これらの事件はアメリカ各地で散発的に発生していたが，その中には未解決の事件が多く見られたからである。そこで，バージニア州クワンティコにあるFBIアカデミーの行動科学科教官室の面々はこのような連続殺人を検挙するための研究を開始した。初期の研究は有志によって勤務時間外に行われたが，その後，正式なプロジェクトとして行われることになった。

　FBIが目的としたのは，このようなタイプの事件が起きた場合に，犯行の状況や被害者の状況などから犯人はどのような人物であるのかを推定することであった。当初，この種の連続殺人は，一体誰が何の目的で行っているのかが，まったく見当もつかなかったからである。

　FBIは，連続殺人犯人ひとつひとつのケースを臨床心理学的・精神医学的な方法で細かく掘り下げていき，連続殺人犯人の心理状態を明らかにしていくという方法でなく，多くの連続殺人犯人を集めて，その共通点や共通する行動パターンを明らかにしていくという科学的方法論によってこの研究を行った。

3 秩序型連続殺人者と無秩序型連続殺人者

　FBIが研究対象として選んだのは，検挙され，アメリカ全土の刑務所に収監中だった連続殺人犯人と性的殺人犯人36人である。性的殺人犯とは，性的な動機でVO関係のない人物を殺害した犯人である。FBIアカデミーの行動科学科教官室は，彼らの犯行の詳細と彼ら自身の情報をできるだけ多く収集した。このとき，何人かの犯罪者には面接調査を行って情報収集を行った。

　分析の結果，連続殺人という犯罪には大きく二つのパターンがあるということがわかってきた。

　第1のタイプは，計画性があり，被害者を言葉でだまして誘拐したり拘束し，殺す前にサディスティックな行動やレイプを行い，凶器や証拠は隠蔽し，死体

も見つからないように処分するものである。

　第2のタイプはいきあたりばったりで犯罪を行い，突然被害者を襲い，レイプやサディスティックな行動は被害者が死亡後に行い，遺体や証拠，凶器なども現場に放置し，現場はさまざまなものが散乱した状態であるというものである。

　FBIが発見した最も興味深いことは，これらの犯罪のタイプごとに犯人の属性が大きく異なっているということであった。

　前者の犯人のタイプは，平均またはそれ以上の知能を持ち，熟練を要する仕

【秩序型犯人と無秩序型犯人の犯行形態の違い】

秩序型	無秩序型
・計画的犯行	・偶発的犯行
・好みのタイプの被害者（ただし，知人ではない）	・被害者または現場を知っている（被害者を選択したわけではない）
・被害者を操作する	・被害者を物として扱う
・会話は慎重	・会話はない
・整然とした犯行現場	・混乱した犯行現場
・被害者を服従させる	・被害者を突然襲う
・自制心あり	・自制心なし
・殺す前にサディスティックな行為	・殺した後に性的行為
・遺体を隠蔽する	・遺体はそのまま
・凶器や証拠を残さない	・凶器や証拠を残したまま
・被害者を接触場所から犯行現場へ，遺体を隠蔽の場へと移動	・接触場所，犯行現場，遺体の場所はすべて同一

【秩序型犯人と無秩序型犯人の犯人像の違い】

特徴	秩序型	無秩序型
知能	平均また上	平均以下
社会的能力	あり	なし
職業	熟練を要する仕事を好む	熟練を要しない仕事
性的能力	あり	なし
出生順位	長男が多い	末子が多い
父親の職業	安定	不安定
幼少期のしつけ	一貫していない	厳格
犯行時の感情	統制されている	不安感
犯行時の飲酒	あり	なし
原因のストレス	あり	なし
居住状況	配偶者または愛人と同居	独居
移動性，車	移動性高い，よい車	現場近くに居住または職場あり
事件のニュース	興味あり	興味なし
犯行後	転職，転居	目立つ行動変化（薬物使用，飲酒，宗教への傾倒等）

図1-1　秩序型と無秩序型の犯人の分類の図（Ressler et al., 1988）

事に就いており，配偶者または愛人と同居している社会性のある人物であるのに対して，後者の人物は，平均以下の知能で，無職か熟練を要しない仕事に就いており，独居か親と同居の社会性のない人物であった。

　これはきわめて重要な発見であった。なぜなら，この対応関係がわかることによって，従来見当もつかなかった連続殺人の犯人の特徴が，現場の状態を見るだけである程度推測できるようになったからである。FBI は前者のタイプを秩序型（organaized type），後者のタイプを無秩序型（disorganized type）と呼んだ。

4　連続殺人犯人の動機による分類（類型論）

　FBI による連続殺人者の分類は，あくまで犯人を検挙するための方法論として発達してきたものである。そのため，この分類を知るだけではそもそも連続殺人犯人が，なぜ，連続殺人を行うのかについては明らかにならない。この点を含めて連続殺人犯人を分類したのはホームズとテバーガー（Holmes & Deburger, 1985）である。彼らは，おもに動機に着目して，連続殺人犯人を 4 種類に分類した。

(1) 幻覚型（visionary）

　幻覚型は妄想性の精神障害に罹患しており，この妄想に導かれて連続殺人を行うタイプである。妄想の内容は，自分が人から監視されているとか，人から狙われている，陰口をたたかれている，殺されるなどの被害妄想や「世界を救うためには，人を殺さなくてはならない」などの指令的な妄想が多い。幻聴をともなうこともある。

　一般には精神障害は犯罪を促進する方向に働くよりは抑制する方向に働くことが多い。それゆえ精神障害者だからわけのわからない犯罪を行うだろうという考えは誤りである。しかしながら，このようなタイプの殺人事件は比較的コンスタントに毎年一定数発生する。

　このタイプの殺人犯人の多くは精神疾患が進んでいるために犯罪現場のパターンは無秩序型になりがちである。また，捕まらないために積極的に努力し

ない場合も多く，その場合には比較的早期に検挙される。

<リチャード・チェイス事件>

　リチャード・チェイスは，1977年12月から1978年1月にかけて6人を殺害した連続殺人犯人である。彼の第1の殺人は，庭の手入れをしていた電気技師のアブローゼ・グリフィンさんを22口径のリボルバーで射殺した事件である。同日には子どもに向かって発砲する事件も起こしている。その翌月の1月23日には，彼は，第2の殺人を引き起こす。近所に住む妊娠3か月のテリーザ・ウォリンさんを殺害したのだ。彼はテリーザさんの頭部を拳銃で4発撃って殺害すると，遺体をベッドルームに運び胸部から腹部までを切開し，内臓を散乱させた。また，ヨーグルトのカップにテリーザさんの血液をすくいそれを飲み込んだ。第3の殺人は，その4日後の1月27日，やはり近所に住むエベリン・マイロスさん一家を対象に行われた。彼は，まず当日，たまたま遊びに来ていた男性を玄関先で頭を拳銃で撃って殺害すると，エベリンさんを刺殺し，その腹を裂いて血液を飲んだ。また，エベリンさんの2人の子どもも殺害し，2歳の子どもの遺体を持ち去った。警察は目撃情報などから近所に住む，リチャード・チェイスを犯人と突き止め，検挙した。

　チェイスは，みずからの体が母親が自分に飲ませた毒素によって次第に砂になっていくという妄想にとりつかれ，これをとめるためには血を飲むしかないと考えていた。彼は人間を襲うまでは，ウサギや猫，犬，牛などの動物などを殺してその血をコーラなどで割って飲んでいた。彼は，精神科に入院歴もあったのだが，彼の母親は反対を押し切って彼を退院させ，障害者給付金で一人暮らしさせていたのである。チェイスは，症状が改善しないこともあって，人間の血を飲まなければならないという形に妄想を発展させ，連続殺人事件を起こしたのである。収監後，チェイスは抗うつ剤を大量に服用して刑務所内で自殺した。

解説　この事件は典型的な妄想主導型の事件である。彼が行ったことはあまりにも残虐ではあるが，実際に責任能力が問えるかというと微妙なものがあるだろう。血液を飲まないと自分の体が崩壊していくという妄想はまれにしかみられないものであるが，若干の報告はある。この事件は明確に妄想に動機づけられたものといえるであろう。

<青物横丁医師殺害事件>

　かねてから精神疾患で精神科に通院歴のあった被告のNは，36歳の時にヘルニアになり都立台東病院で手術を受けた。手術は成功したが，全身に倦怠感が残り，腹部に違和感が残った。Nは，これを手術の時に医師が体内にはさみなどの手術器具を置き忘れたためだと考えた。実際に病院に要求して何回か検査を行ったが，もちろんそのようなものは発見されなかった。

彼は，最終的には，医師が悪意で自分の体内に特殊な装置を埋め込み，それが自分の体を徐々に破壊していっているのだが，病院ぐるみでそれを隠蔽しているだという妄想を抱くようになった。彼は，このままでは自分は死んでしまうが，その前に，この医師を殺害し，また，この医師の行った不法行為を世間に広く伝えなければならないと考えた。Nは仕事を辞め，医師に復讐するための計画に取りかかった。医師の身辺や住居を調査するとともに，暴力団風の人に声をかけたり，暴力団事務所に直接行くなどして拳銃を入手することを試み，最終的にはトカレフと実弾を入手することに成功した。

1993年10月25日朝早く，Nはバイクで浦和の自宅を出ると，京浜急行の青物横丁の駅まで向かった。ここに医師が住んでいるということは尾行してつきとめていたのだ。彼は，医師を発見すると背後から拳銃で撃った。医師は出血多量で死亡した。

Nは拳銃を持ったまま逃走し，その後，NHKなど都内テレビ局4社に犯行声明文を届けるとともに，民放局には電話をかけて，自分の犯行について語った。犯行声明文の内容は自分の妄想，つまり医師が自分の体に埋め込んだ装置の状況などが詳しく記されていた。その後，彼は，3日間都内を転々としていたが，逃走資金が底をつき，母親と待ち合わせをして姿を現わしたところで検挙された。

もちろん，彼は精神鑑定にかけられ，刑事責任能力を認める鑑定と認めない鑑定が出されたが，最終的に裁判長は，拳銃を暴力団から入手したことや，拳銃を試射したことや，医師の身辺を調査し，駅で待ち伏せしたことなどを，「ある程度，合理的と思える行動をとっている」と判断し，責任能力を認め懲役12年の判決を下した。Nは判決を不服として控訴したが最終的には一審の判決が確定した。

解説 最終的に裁判では責任能力ありとされたが，妄想に主導された殺人事件であることは確かである。この事件は単独殺人であるが，病院の他のスタッフも狙われており，連続殺人に発展する可能性もあった。この犯罪は，最終的には精神疾患が絡んだ無秩序型に近い犯行であったのだが，発生当初の犯行パターンは外見的には完全に秩序型の計画殺人の様相を示しており，犯行形態からのプロファイリングが実際にはなかなか困難であることを示す例の一つとなっている。

(2) 使命型（mission）

使命型は，自分自身の偏った信念によって，連続してあるカテゴリーの人を連続して殺害するタイプの犯罪者である。殺害する対象は，麻薬中毒者や売春婦，ホームレスや，堕胎を行っている医師，ある特定の人種などである。犯人はこれらの人物を殺害することによって，世の中が良くなると本気で信じてい

る。殺害は，計画的に冷静に行われ，拷問や虐待，遺体に対しての切断行為などは基本的にみられない。銃など，強力で人を素早く確実に殺害できる凶器を使用する。自分が犯罪を行っていることに対して罪悪感はなく，自分が行っていることは正しいことだと信じている。一般に逃走して犯行を継続するがそれはよりよい社会を作るためには継続した活動が必要だからである。

＜マニュエル・パラド事件＞

マニュエル・パラド（Manuel Pardo）は大学卒業後，警察に入り，警察学校を優秀な成績で卒業した正義感あふれる警察官であった。彼は，町にいる麻薬中毒者が治安を悪化させ，とくに少年たちを非行に追いやっていると感じていた。しかし，麻薬密売人に対する警察の公的な取り締まりは甘く，現実問題として町では密売人が堂々と薬物を販売していた。そこで彼は，みずから立ち上がって治安を回復させようと考え，麻薬密売人を処刑し始めたのである。

彼が行ったことはもちろん法的には許されることではない。麻薬密売人といえども正式な法手続きに則って検挙し裁判を行わなければならないからである。彼は結局9人の麻薬中毒患者を殺害し，検挙された。

彼は最後まで自分の行為を反省せず，「この世の中はもはや麻薬戦争状態にあり，自分はそれに兵士として立ち向かっただけである。妻や娘もいつの日か自分のやったことを理解して自分を尊敬してくれるだろう」と語っている。パラドが殺した対象は，麻薬密売人というある意味，犯罪者であったため，彼の行為は正当化されやすいが，もちろん許される行為でないし，彼が殺害したのは密売人というよりは中毒者で，むしろ麻薬犯罪の被害者を殺していたのではないかとも批判されている。

解説 検察側は，彼の動機については単に麻薬を奪うための殺人であると主張しており，パラドの言い分がどのくらい正しいかはわからない。しかし，彼の言い分はまさに使命型そのものであり，冷静な行動パターン，銃器の使用，犯罪の対象が個人でなくカテゴリーそのものに向けられていた点など使命型の特徴をほぼ完全に備えており，一つの典型例といって良いであろう。

(3) 快楽型 （hedonistic）

快楽型は，人をサディスティックに拷問したり殺害したりすることに喜びを感じ，このような犯罪を行いたいと常に切望している犯人によって行われる連続殺人である。ぞくに「快楽殺人」と呼ばれるのがこのタイプであり，ジョン・ウェイン・ゲイシーや宮崎勤など多くの連続殺人者がこのタイプである。この殺人欲求は，性欲と密接に関係していることが知られており，犯人は自分の性

的な嗜好を実現するために殺害を行う。犯人のほとんどは男であり，みずからの性的な対象を殺害する。つまり，被害者が女性の場合，犯人は異性愛者，被害者が男性の場合には同性愛者であると考えられる。また，被害者は犯人の性的な好みのタイプに一致することが多い。そのため，容姿や年齢，職業，人種，髪型などが共通する場合が多い。

なぜ，殺人と性欲が結びつくかについてはよくわかっていないのが，そもそも性欲はその対象や目的に逸脱が多く，さまざまな種類のフェチシズムが発生しやすいということがわかっている。たとえば，覗きや痴漢，子どもや高齢者，近親相姦，ハイヒールなどのものに対する性的な嗜好などである。この種のフェチシズムの中で最もポピュラーなものはサディズムである。このサディズム的な性的な嗜好が極端になったものが，快楽型の連続殺人者である可能性がある (Lebegue, 1991)。

一方で，この種の殺人者には子どものころに虐待を受けた経験があること，幼児期から問題行動を多発させていること，児童期に放火や動物虐待を行っていたこと，他者に対する共感性に障害があること，暴力的なポルノに接していること，サイコパス人格であることなどの特徴が知られており，これらのさまざまな要因が重なって快楽型の殺人者が生み出されると考えられている。

犯行は多くの場合，計画的であり，犯行形態は秩序型である。犯人は一見普通の社会生活を営んでおり，配偶者がいる場合もある。ジョン・ウェイン・ゲイシーのように高知能で，社会的にきわめて有能に見える人物が犯人である場合もあるが，それは必ずしも典型的なケースではない。

＜ジョン・ウェイン・ゲイシー事件＞

ジョン・ウェイン・ゲイシー（John Wyne Gacy）は，アメリカの連続殺人犯人。1972年から1978年の間，9歳から20歳の少年33名を殺害し，自宅の床下や川に遺棄した。

●最初の逮捕・服役まで

ゲイシーは，1942年にイリノイ州で生まれた。父親は期待を込めて西部劇スターのジョン・ウェインの名前を彼につけた。ところが彼は父親の期待に反して体が弱く，それを知った父親は彼を虐待したり，同性愛者といってののしったりしたという。はじめのころは病気がちで学業成績も良くなかったが，ビジネス専門学校を卒業し，ナンブッシュ製靴会社に就職すると，彼はみるみる頭角を現わした。入社ま

もなく彼は抜群の営業成績を残し，エリアマネージャーに抜擢される。さらに青年会議所にも参加した。

このころ彼は同僚の女性と結婚し，彼女の故郷であるアイオワ州に移った。彼女の父親はケンタッキー・フライドチキンのフランチャイズ店を経営しており，彼もマネージャーとなった。アイオアでも彼は大活躍し，店は繁盛し，青年会議所でも次期会長が確実視されるなど土地の名士となった。

ところが1968年に彼は少年への性的虐待の罪で検挙されることになる。彼は青年会議所のメンバーの息子と性的な関係を持ち，その息子も彼から金をせびりとっていたが，結局，その少年の告発によって検挙されたのである。彼は，実刑判決を受けて収監されるが，そこでは高校卒業の資格を取得したり，大学の通信教育を受けたりした。さらに刑務所内でも青年会議所の相談員として活動し，模範囚として16か月で出所した。妻からは離婚されてしまったので彼は，イリノイ州に戻ることになる。

● 連続殺人者へ

彼は，コックをしながらシカゴで建設会社を設立し，もちまえの経営センスで会社を軌道に乗せた。また，民主党のメンバーとなって地域でも活動し，ボランティア活動でピエロのポゴに扮して福祉施設などを慰問して回った。これらの活動によって彼はやはり，みるみるうちに地域の名士となっていった。

その一方で彼はシカゴに移ったころから少年を自宅に誘い込んで同性愛行為を続けていた。あるとき彼はちょっとした行き違いからその少年の一人とトラブルになり，殺害してしまう。遺体は石灰をかけて自宅の床下に埋めた。この後，彼は少年を自宅に誘い込んで，殺害し，床下に埋めるという行動を繰り返すことになる。彼の手口は，まず，「ポルノを観ないか」と浮浪少年などを誘い出して，自宅の地下室に連れ込み，手錠を掛けて凶器で脅しながら性交するというものであった。そして，その後，首を絞めて殺害し，遺体は床下に埋めた。彼はシカゴにきてすぐに幼なじみのキャロルと結婚していたが，この結婚が破局してから殺人は加速度的に増加していくことになる。

ゲイシーの行動を不審に思った警察は彼を徹底的にマークした。彼の家は信じられないほどの臭気につつまれていたし，彼自身の行動も異常であった。とくに彼が容疑者となっていたのは，ゲイシーの会社のアルバイトの面接へ行ったまま行方不明になった15歳の少年，ロバート・ピーストの件である。警察は，ゲイシーを別件で検挙すると自宅に捜索に入った。その結果，床下から29体の石灰をかけられた遺体が発見された。遺体は腐乱しひどい状態になっていた。残りの4体は床下に遺体を埋めるスペースがなくなってしまったので，近くのデス・プレーンズ川に捨てたことが明らかになった。ロバート・ピーストの遺体もそこから引き揚げられた。

1984年死刑が確定し，1994年5月10日，ノースカロライナ州のステートビラ矯正センターで薬物使用による死刑が執行され死亡した。

解説 優秀な経歴とおぞましい連続殺人の同居という意味で，テッド・バンディとならんで，秩序型連続殺人犯の代表的な人物である。この種の殺人者は，自分の性的な対象を殺害するという意味で，若い男性ばかり殺害した彼の行動パターンは典型的であり興味深い。

＜小野悦男事件＞

　1974年7月3日夜，千葉県松戸市の信用組合勤務の19歳の女性が会社帰りに行方不明となり，8月8日に自宅近くの宅地造成地の土中から全裸死体で発見された（松戸OL殺人事件）。被害者はレイプされたうえ絞殺されていた。2日後には同じ造成地から，行方不明になっていた30歳の主婦の遺体も発見された。このころ，1968年から1974年にかけて千葉県，埼玉県，東京都で11件の連続女性暴行殺人事件が発生しており，いずれも，一人暮らしの女性が深夜，レイプされたうえで殺害されるというものであった。犯人は血液型O型で，殺害後に現場に放火するか遺体を埋めているなど類似点も多いことから同一犯人の連続殺人である可能性が大きいのではないかと考えられた。

　松戸OL殺人事件で警察は，足跡の一部や血液型の一致，現場付近の地理に明るいこと，放火やレイプなどの手口が前歴と類似していることなどから付近に住む清掃作業員小野悦男（当時38歳）を検挙した。その後，連続レイプ殺人の発生はやんだ。ただしこの事件では物証は乏しく，小野もいったんは自供したものの捜査員の拷問じみた取り調べによって自白を強要されたとして無罪を主張した。また，文化人などを中心として「小野悦男さん救援会」が組織され，小野も警察の拷問によって無実の自分が犯人にでっち上げられたという主張の『でっちあげ―首都圏連続女性殺人事件』という本を出版した。

　裁判の結果，1審では無期懲役だったものの，2審では無罪（殺人については無罪，窃盗などについては有罪）判決となり，小野は16年ぶりに釈放となった。彼は，マスコミのインタビューで「体の不自由な母の世話をしてやりたい」と語り，人びとの同情を集め，その後は，冤罪被害の集会などで講演を重ねた。

　1996年4月に公園で遊んでいた当時5歳の少女がわいせつ被害を受けた後で男に首を絞められるという事件が発生した。目撃証言によってこの事件の犯人として検挙されたのが小野悦男であった。じつは小野はこの事件の3か月前に発生したある事件で警察がマークしていたところであった。それは，東京都足立区の駐車場で布団にくるまれた女性の首なし遺体が発見された事件であった。被害者は陰部が切断され焼かれていた。警察が彼のDNA資料を採取し検査したところ，この事件の遺体から摂取された体液のDNAと一致した。小野は殺人犯人として検挙され，家宅捜索の結果，自宅の都営住宅の裏庭から腐敗した頭部と切断に使ったとみられるノコギリが発見された。切り取られていた陰部は冷蔵庫の冷凍室に入れられていた。

解説 小野検挙後，無罪になった連続殺人事件も手口が似通っていたことから小野が犯人ではないかという大きな疑惑がわき起こったが一事不再理から小野が連続殺人事件で有罪となることはもはやなく，連続殺人事件の犯人が小野であるのかということもけっして明らかにはならなかった。プロファイリング的には，小野が無罪になった事件と最終的に有罪になった事件の犯行パターンはその特異な部分がきわめて似ているために，かなりの確率で同一犯人が行ったものであると推定可能（リンク分析）である。もし，仮に小野が連続殺人の犯人だとすれば，小野が無罪になったことにより，さらに，一人の命が奪われ，一人の女の子が大きな心の傷を負ったことになる。無実の人を有罪にしてしまうことはもちろん絶対あってはならないことであるが，有罪の者を野に放つことも人の命を奪う可能性があるということを我々は心にとめなければならないだろう。

(4) パワーコントロール型（power/control）

パワーコントロール型は他人の生死を自分がコントロールできるのだといった，力と支配の感覚を得るために人を殺害していくタイプの連続殺人犯人である。圧倒的な力で相手を恐怖で支配し，そのまま殺害してしまうタイプや自分が相手の生死をコントロールしているという感覚を楽しみながら，じわじわと殺害していくタイプがある。犯行形態は秩序型である。ホームズは，テッド・バンディをこのタイプと考えている。また，日本でも2005年に発生した自殺サイト殺人事件の犯人前上博は，自殺サイトを通じて知り合った被害者を殺害する前に，何度も窒息させては蘇生させることを繰り返し，その様子を録画しているため，このタイプだと考えられる。ただし，そもそもパワーコントロールのもとになっているのはやはり性欲だと考えられ，力と支配という感覚と性欲が結びついたとすれば,快楽型の一つのバリエーションと考えられるだろう。

＜テッド・バンディ事件＞

テッド・バンディ（Ted Bundy）は，女性30人以上を殺害したおそらく世界で最も有名な連続殺人犯人である。彼が有名な最大の理由は彼が非常にハンサムで，高学歴であり，また弁舌が巧みであるからである。彼の犯罪はおもに三つの時期に分けられる。ワシントン州，ユタ州，そしてフロリダ州で活動した時期である。

● **ワシントン時代**

彼はシアトルのワシントン大学で中国文学と心理学を学ぶ学生であった。この時

期から，彼は連続殺人を行っていた。最初の殺人（研究者や警察官の中には彼は10代のころから殺人を繰り返しており，これが最初の殺人でないと考える者も多い）は1974年1月4日の夜半であった。彼はワシントン大学に通う18歳の女子生徒の寝室に忍び込み，眠っている彼女をバールにて滅多打ちし，ベッドの鉄棒を引っこ抜き，それを性器に突っ込んだ。翌朝，彼女は昏睡状態で横たわっている所を発見された。2番目の殺人もワシントン大学の女子学生を対象にしたものである。彼は彼女の部屋に侵入するとやはり滅多打ちして殺害し，首を切断した後，シアトルの東の山中に放置した。

これらの初期の殺人は，比較的乱雑で「無秩序型」に近いものであったが，その後，彼の犯行パターンはより「秩序型」となりスマートに殺人を繰り返すようになる。彼の典型的な手口は，次のようなものである。まず，包帯をして手足をけがしているように装い，教科書などの荷物を車に載せるのを手伝ってくれと言って女性に声をかける。そして，ついてきた女性を拘束し，暴行，レイプして殺害する。遺体は山林に埋めて処分する。

彼はワシントンで何件もの殺人を犯して警察も「テッドという名前の人物がどうやら連続殺人を犯しているらしい」ということを突き止め，似顔絵まで作成したが，このころに彼はユタ大学のロースクールに入学してユタ州のソルトレークシティーに移っていた。

● ユタ時代

ユタ州でも彼はやはり言葉巧みに女性に声をかけ，ついてきた女性を暴行，殺害するという手口で事件を繰り返した。この中の一つの事件では，ショッピングセンター内で警察官を装って女性をだまして自分の車に乗せたが，手錠をかけようとしたときに女性がとっさに逃げ出し奇跡的に生還している。この事件で，彼は自身が所有するフォルクスワーゲンを使用していたため，警察に発見され検挙された。

1週間にわたる裁判の結果，彼は有罪となり，誘拐罪でユタ州立刑務所での禁錮刑を受ける。一方，コロラド警察は彼を連続殺人の容疑者と見破り，殺人で立件するためにコロラド州に彼の身柄を移送することにした。ところがコロラドでの公判準備中，バンディは裁判所の図書館の窓から逃走を試みる。このときは1週間ほどで検挙されたものの，彼はその後，独房の天井を糸鋸で切り取り脱出し，脱走に成功した。

● フロリダ時代

彼は，脱走後，飛行機でシカゴまで行き，アムトラックとバス，盗んだ車を乗り継いでフロリダ州タラハシーまで移動した。1978年1月15日深夜，カイ・オメガ女子寮に侵入し，睡眠中の女生徒を襲い，2人を撲殺し，2人に重傷を負わせた。この犯罪にスマートさはなく，彼の初期の殺人のような暴力的，衝動的なものだった。その後，レークシティーに移動。そこで12歳の少女を誘拐して性的暴行を加えながら，溺死させ，死体を豚小屋に遺棄した。

しかし，盗難車に乗っていたところを警察に発見，拘束され，ほどなく身元が判

明した。彼は裁判のためマイアミに移送されることになった。裁判では国選弁護人がいるにもかかわらずみずから弁護することを申し出，殺人事件の被告とは思えないような弁舌をふるった。

　しかし，遺体に残した歯形が彼の歯形と一致したことなどから彼には死刑の判決が下る。彼は死刑が決まった後も，死刑が執行されないようにさまざまな策を講じたが，1989年1月24日午前7時6分，死刑が執行された。42歳であった。

　解説　テッド・バンディはハンサムで知的水準が高い一方で30人以上の女性を殺害するという残酷な殺人者であり，このギャップから，世界で最も有名な連続殺人犯といわれている。フロリダでの大量殺傷とはじめの数件の殺人を除けば，その行動は，典型的な秩序型といえる。

＜自殺サイト連続殺人事件＞

　自殺サイト殺人事件は，窒息し，もがき苦しむ人を見て興奮し，それとともに暴行を加えたいという衝動を持つ元修理工の前上博（36歳）によって起こされた連続殺人事件である。彼はまた，白いスクールソックスを見るとやはり衝動的に相手の首を絞めるという性癖も持っており，高校や大学でも白いソックスをはいた男性の首をいきなり絞めて停学となっているほか，小学校高学年から最終的に逮捕されるまで知人や通りがかりの人の首を絞めた犯罪を50件以上も起こしていた。そのうちの何回かは傷害などの罪で検挙されて実刑になったこともある。

　彼は，人を自分の思い通りに窒息させたいという，欲求を満たすために，自殺サイトに目をつけた。彼は，自殺サイトの掲示板を通して自殺志願者に，集団自殺を持ちかけて，話に乗った女子大学生，男子大学生，男子中学生を呼び出して窒息させて殺害した。殺害に際しては，被害者の苦しむ姿を録画したり，その声を録音したりした。また，窒息した被害者を何度も蘇生させ再び窒息させた。

　検挙された彼は，第1審で死刑になり，弁護士は控訴したが「宮崎勤や宅間守のように死刑にして欲しい」としてみずから控訴を取り下げた。本人が希望したように死刑判決から異例の速さで死刑が執行された。

　解説　窒息は性的な快感と結びつきやすく，マスターベーションにおいても窒息が使われることが多く，事故による死亡も少なくない。本件では自分が窒息することでなく他人の窒息が性的興奮を喚起しており，これがこの事件の興味深い側面である。

> **コラム**

日本における殺人事件のタイプ

　連続殺人や，大量殺人などの特殊なタイプの殺人事件でない，日々発生している多くの殺人事件を多変量解析などの方法でカテゴリー化していくと，その犯行は，いくつかのタイプに分けることができる。まず，男性の殺人については，次のような三つのタイプに分類することができる。
　1）けんか型
　友人や職場の同僚，一時的に会合した者と言い争いになり，制御を失って暴行，傷害，殺人にいたるケース。場所は勤務先や屋外など自宅以外が多い。加害者被害者ともに飲酒していることが多い。
　2）家族トラブル・心中型
　介護疲れなどからの妻や母親を殺害するタイプ，おもに自営業の男性が経済的な行き詰まりから家族を殺害して自殺する無理心中タイプ，そして家族間のトラブルに起因する争いが暴力行為に発展して殺害にいたるタイプがある。
　3）犯罪型
　金銭目当ての強盗など。面識のない相手が被害者となるケースが多い。共犯者が存在することがあり，死体などを隠蔽する。犯行は計画的である。

　次に女性の殺人事件は次のように分類することができる。
　1）夫婦トラブル型
　夫婦間のトラブルが原因で妻が夫を殺害する。夫は就寝中に絞殺されることが多い。加害者は犯行後みずから通報することが多い。
　2）子殺し・心中型
　子どもを育てられなくなったり，育児ストレス，出産の隠蔽のために子どもを殺害する。子どもは乳児のケースが多い。
　3）友情・愛情のもつれ型
　友人間や恋人間の恋愛関係のトラブルから相手を刺殺するケース。自宅以外の屋内外で背中，腹部を刺す場合が多い。

5 連続殺人におけるイマジネーションの役割

　FBIの行動科学科のメンバーは，連続殺人犯人と面接し，その心理過程を明らかにしようとしたが，その中で，連続殺人犯人，とくに快楽型の犯人の場合，

イマジネーション（空想）が重要な役割を担っていることを明らかにした。彼らは比較的幼いころから，殺人や拷問の性的イマジネーションにとらわれており，頭の中で何度も何度もそれを反芻していく，このときに，いわゆる暴力的なポルノグラフィや犯罪に関する雑誌などが重要な役割を果たす。実際の犯行は，これらの空想を実現することなのである。

ところが，最初の殺人では彼らは失望することが多い。現実の被害者の行動や反応は空想とは大きく異なっているからである。そこで彼らは，この経験をもとに「次はより空想に近いように犯罪をやってのけよう」と考えて，計画を練りなおす。そして，準備がある程度整うと犯人は次の殺人を行っていくのである。

もちろん，最初の殺人は，彼らにそれなりの心理的なインパクトを与えるので，最初の殺人から二度目の殺人までは間が開くことが多い。しかし，何回か犯行を繰り返していくに従って，次第にインパクトは少なくなり，冷却期間も次第に短くなっていく。これを連続殺人の加速化現象という。また，彼らの空想もよりリアルになっていくために犯行もより手際よく行えるようになってくる。

連続殺人以外の多くの殺人犯人は，殺人の際にミスをしてしまい，それゆえに検挙されることが多いのだが，連続殺人犯人の場合，そもそもが何度も頭の中でリハーサルした行為を実現させているために，ミスしにくく，また，回数を重ねるほどに熟練してくるので，さらにミスを犯しにくくなって，検挙されにくくなる。

連続殺人のまとめと設問

キーワード 連続殺人，被害者-加害者（VO）関係，FBI，プロファイリング，秩序型，無秩序型，混合型，ホームズ，幻覚型，使命型，快楽型，パワーコントロール型，イマジネーション，加速化現象

設問 1）連続殺人事件の定義をあげ，なぜ，このタイプの殺人事件が検挙しにくいのかを説明せよ。

2）FBI による連続殺人犯人のプロファイリングのその問題点について説明せよ。
3）連続殺人犯人をその動機に基づいて分類せよ。
4）連続殺人犯人におけるイマジネーション（空想）の役割について説明せよ。

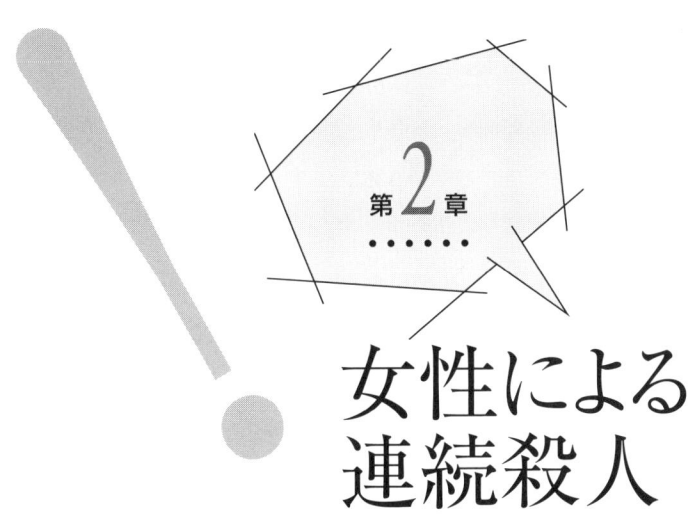

第2章 女性による連続殺人

1 女性による連続殺人

　FBIが連続殺人事件の研究を行ったとき対象になった36人の連続殺人犯人はすべて白人の男性だった。そのため，FBIは，そもそも連続殺人という現象は白人の男性の犯人によって引き起こされるものだと考えていた。ところが，その後，黒人やほかのマイノリティも連続殺人を引き起こし，人口に占める連続殺人犯の割合も白人とあまり変わらないということがわかってきた。

　同様に女性にも連続殺人犯人が存在することもわかってきた。ただし女性の連続殺人犯は男性に比べればはるかに少数である。男性の連続殺人犯は，快楽型にみられるように性欲が絡んだ事件が多いが，女性の連続殺人犯人の場合，性欲が絡んだものは，ほとんど存在しない。

2 女性の連続殺人の分類

　女性の連続殺人犯人には，どのようなタイプがみられるのか。ここでは三つの主要なタイプについて解説してみる。

(1) 黒い未亡人型連続殺人

　黒い未亡人型連続殺人犯は，おもに経済的な目的で，資産家と結婚し資産家

を殺害して，その財産を奪うものである。黒い未亡人型連続殺人犯人は歴史的に大きく三つのタイプに分けることができる。

　第1の最も古典的な形態は，もともと資産のある者と結婚してその相手を殺害し，相続などの形で財産を奪うものである。フランスのブランヴィリエ侯爵夫人（Marie Madeleine Dreux d'Aubray），ドイツのゲジーナ・ゴットフリート（Gesina Margaretha Gottfried），アメリカのリディア・シャーマン（Lydia Sherman）などがこのパターンか，そのバリエーションとしてあげられる。

　その後，このパターンは，生命保険などの保険制度の充実にともなって，資産家でない一般の人に保険金をかけて殺害する第2のタイプに変わっていった。このタイプでは，保険金の受取人となるために被保険人と結婚し，その後，相手を殺害するという方法がとられる。このタイプは第1のタイプに比べて，実施は容易である。なぜなら，第1のタイプでは，資産家をみつけ，その相手に取り入って結婚し，その後，遺言を書かせて殺害するというかなり難しい条件をクリアすることが必要であり，実施するためには，さまざまな能力や魅力を必要とするのに対して，第2のタイプではこのような能力を必要としないからである。ただし，このタイプは保険会社をだまさなければならないという大きな困難がある。

　さらに最近では第3のタイプが現われてきている。これは出会い系サイトなどを使用して資産家でかつ，自分に対して愛情を持ってくれる人を，ある程度のスキルと「数打てば当たる」という方法を使って見つけて，その相手に金を貢がせて殺害するという方法である。このタイプの場合，第1のタイプのようにあらかじめ目をつけた一人の資産家を誘惑するわけではなく，また第2のタイプのように保険金制度を利用するわけではないという特徴を持つ。

　いずれのタイプでも，使用される手口としては，毒殺，アルコールを飲ませての溺死など，なんらかの事故に見せかけた殺害が多い。このタイプの犯人は演技性が高いことが多く，相手をだます場合のみならず，疑われた場合でも，演技的な嘘をつき続けるという特徴を持っている。また，事故に見せかけた殺害方法は発覚しにくく，そのため，連続化してはじめて殺人であると気づかれる場合が少なくない。

＜福岡スナックママ連続保険金殺人事件＞

　福岡スナックママ連続保険金殺人事件は，2004（平成16）年に発覚した連続保険金殺人事件である。犯人の高橋裕子は，子どものころから裕福な家庭で育ち，「白雪姫」と呼ばれていた色白の可愛い少女だった。武蔵野音楽大学を卒業して23歳の時に，慶応義塾大学卒業の福島県郡山市の資産家の跡取りだった男性と結婚する。
　しかし，この結婚はあまりうまくいかなかった。男性が会社の金を使い込んで遊び歩くような人物だったのだ。高橋はみずから別れを切り出して結婚は失敗に終わる。
　その後，ピアノ教室を開いた裕子は2年後に建築事務所「司建築工房」の社長の野本雄司さんと再婚することになる。バブルの時代で夫の仕事はうまくいっており，順風満帆の日々が続いた。しかし，バブル崩壊とともに夫の事務所もうまくいかなくなり，急速に資金繰りが悪化する。建築事務所は94年9月に1億3,000万円の負債で倒産した。
　裕子は，夫を殺害し保険金をだまし取ろうと考え，このとき自分の子どもの家庭教師であった九州大学大学院生に夫を殺害するように懇願した。大学院生は，裁判で「お酒を飲ませて野本を眠らせました。おなかの上に包丁を突き立てたけれど，ためらって，刺しきれずにいると，裕子が私の手に両手を添えてくれ，一気に刺しました」と供述している。
　彼女は現場に借用書をばらまくなどの工作を行ったため，この殺人は，会社が倒産したことを苦にした夫の割腹自殺として処理され，保険金と自宅売却金，合わせて2億1,000万円が裕子に支払われた。倒産した会社の債務整理後も「手元には1億円以上が残った」という。
　その後，高橋裕子は中州でスナック経営に乗り出す。ここで知り合った9歳年上の高橋隆之さんと彼女は3回目の結婚をすることになる。彼はホテルの総支配人なども務めたことがあったが，この時期は仕事も辞め，元の妻とも離婚して生活に困っている状態だった。
　裕子はやはりこの夫も生命保険をかけて殺害しようと考えた。2000年1月に2,000万円，死の直前の同10月末には約8,000万円と約3,000万円の保険金に加入した。そして，2000年11月12日福岡市南区寺塚一丁目の自宅マンション浴槽で隆之さんは水死体で見つかった。裕子が風呂場で溺死に見せかけて殺害したのだ。ところが，契約していた生命保険の計約1億3,800万円分のうち，実際に手にしたのは約2,700万円。残りは多重契約を理由に契約を取り消されたり，告知義務違反で支払いを拒否されたりしてしまった。そのため，スナック経営も行き詰まってくる。
　このころ，大学時代からの知人の男性と偶然再会し，その男を共犯として，脅迫を行うようになる。スナックの男性客と性的関係を持ち，それをネタに金を脅し取るのである。生活ぶりは派手なままであった。2004年，男性から100万円

を脅し取った事件がもととなり，7月22日，脅迫容疑などの罪により福岡県警によって逮捕。以前から県警が目をつけていた保険金殺人の事件もこのときに露見し，殺人罪で検挙された。2007年7月19日，福岡地裁において無期懲役の判決。2011年に最高裁第一小法廷が上告を棄却，無期懲役が確定した。

> **解説**　この事件は，生命保険システムを悪用した，第2のタイプの比較的典型的な黒い未亡人型殺人事件といえるであろう。

＜木嶋佳苗事件＞

2009年8月6日，埼玉県富士見市の月極駐車場内にあった車内において41歳の会社員男性の遺体が発見された。死因は練炭による一酸化炭素中毒であった。遺体の状況は自殺のように思われたが，乗っていた車のキーが見当たらなかったことなど，自殺にしては不審点が多かったことから警察の捜査が始まった。

捜査の結果，会社員は当時34歳の木嶋佳苗という無職の女性と交際しており，近く結婚すると周囲に話していたことや，木嶋に500万円近くの金銭が渡っていたことがわかった。警察が木嶋の周辺を調べてみると，彼女には他にも何人かの愛人がいて，その中の何人かが不審死を遂げていることもわかってきた。

まず，松戸市の70歳男性が木嶋に7,400万円を貢いだ後，自宅の風呂場で死亡していた。次に青梅市の53歳男性が一酸化炭素中毒で死亡。死亡直前に木嶋に1,700万円振り込んでいた。さらに，野田市の80歳男性は，自宅が全焼して死亡したが，遺体の近くには練炭が複数おいてあり，これが原因で死亡し，火災も発生したと思われた。彼の口座からも木嶋に180万円が振り込まれていた。それ以外にも彼女の周りでは不審な死亡事件や多くの詐欺事件が発生していることがわかった。

警察は，これらのさまざまな事件はいずれも木嶋が結婚詐欺で金をだまし取った後で殺害したものとして彼女を逮捕して起訴した。木嶋は全面的に否認している。第1審では求刑通り死刑となったが現在控訴中である。

> **解説**　この事件については全容が解明されたわけではないが，重要なのは，保険金を狙うのでなく，もともと資産を持っている「結婚願望のある」独身男性をおもに狙っているところである。このようなタイプの男性と何人も知り合うのは以前は困難であったが，現在ではインターネットの婚活サイトを利用すれば容易になっており，彼女はこれを効果的に利用していたと思われる。また，殺害の方法も毒物ではなく，練炭を使用した一酸化炭素中毒であり，これは従来にはなかったパターンである。彼女は何人もの男性を手玉にとるほど際だった美女だったわけではなく，むしろそうではなかったことから，大きな話題となった。

〈佐賀・長崎連続保険金殺人事件〉

　元保険外交員で看護助手のＹ（40歳）は，家庭を顧みない夫のＡさん（36歳）を殺害し保険金を得ようと思い，愛人Ｘとともに夫を殺害した。Ｙは，病院から入手した睡眠薬をカレーに混入しＡさんに食べさせ，眠り込んだＡさんを海岸に車で運び，佐賀県藤津郡太良町の大浦海岸に投げ込んだ。Ａさんは，誤って海に落ちたとされて9,000万円の保険金が支払われた。この9,000万円のほとんどはＸにわたってしまい，Ｘは，自分の借金返済やギャンブル，遊興費としてあっという間に使い果たしてしまう。Ｙは，それまでにも相続した田畑の売却金5,000万円，消費者金融で借りた1,000万円をＸに貢いでいたが，Ｘはこれらの金もすべて使い果たしていた。

　Ｘは，次はＹの実子である次男Ｂ（16歳）を殺害して保険金を得ようと考えた。ＹはＸに押し切られ，次男に3,500万円の保険金をかけたうえで，睡眠薬を飲ませ，長崎県小長井町の港から海の中に突き落とした。次男は岸まで泳ぎ着いたが，Ｙは岸辺にしがみつく次男の頭を押さえつけて水死させた。Ｙは，次男が行方不明だと騒ぎ立てたが，言動が不自然なことから捜査が行われ，次男の体内から睡眠薬が発見されて事件が明らかになった。

　1999年8月30日，警察はＸとＹを殺人容疑で逮捕。その後の捜査で，Ｙの長男（当時19歳）や長女（当時10歳）にもそれぞれ4,000万円と2,500万円の保険金が掛けられており，実際長女には何回か睡眠薬を飲ませていたことが発覚した。Ｘには死刑，Ｙは無期懲役が確定した。

解説　この事件は女性である犯人Ｙが実行したものではあるがそれを背後から操ったのはＸであり，典型的な黒い未亡人型とはいえない。ホームズは女性の連続殺人犯人の中に男性犯人に操られてその命令や指示に従って殺人を行う弟子型をあげている。これは男性教祖のいいなりで殺人を犯すケースであるが，このケースも男性の犯人に一種の洗脳的な支配（それは愛情に基づくのかもしれないが）を受けて犯行を行った一種の弟子型なのかもしれない。

(2) 死の天使型連続殺人

　死の天使型連続殺人の犯人は看護師である。このタイプは，自分の勤務する病院で，患者に症状を悪化させる薬物や毒を飲ませるか，それらを注射して患者を連続して殺害する。

　このタイプの犯人が行う殺害行為は，やはり発覚しにくいが，その理由は，犯人自身が症状を悪化させた患者に対して献身的に救命活動を行ったり，また患者が死亡した場合には人一倍悲しんだりすること，そもそも，彼女ら自身が

優秀な看護師であると評価を受けていることが多いことが理由である。

　ではなぜ，彼女らはそのような行動をとるのだろうか。この問題についてはいくつかの説が提案されている。第1の説は彼女らのプライドや自尊心に原因があるというものである。看護師という職業は医療行為の面に関しては医師の陰に隠れてしまいあまり目立たない存在である。その中で自分の能力を人に見せつけ，目立ち，尊敬されるためには医師にもできないような熟練の技で患者を救うことを繰り返せばよい。彼女らが自分の患者に毒を盛り，その患者を救うことを繰り返すのは，この自作自演を行っているからだというのである。患者が死亡するのは悪化させすぎて，救えなかった場合である。

　第2の説は，学習性無力感と関連したものである。看護師という職業は医師に比べて自分の意思決定がそのまま結果と結びつきにくい職業である。医師の場合には，自分意思決定のミスによって患者は症状悪化や死亡を引き起こしてしまうし，適切な意思決定によって患者が救われるのに対して，看護では，自分の意思決定とあまり関係なく患者が死んだり，治癒したりする。このような状況はしばしば自分の存在感を見失い，無気力やうつ病を引き起こす場合がある。この学習性無力感状態を抜け出すために彼女らは自分の患者を自分の行為によって悪化させたり，回復させたり，意図的に殺したりするのだというのである。つまり自分の存在意義を確認するために患者を利用しているのである。

　確かにこのタイプの殺人は，医師が行うことは少なく，看護師が行うことが多い（医師の連続殺人犯は存在するが，この場合，犯人の動機はむしろ性欲と結びついた快楽型であることが多い。）ことを考えれば，これらの仮説は裏付けられるかもしれない。

　また，このように考えれば，このタイプの犯罪は犯人が「女性」であることよりも犯人が「看護師」であることが重要であり，女性に多いのは単に看護師に女性が多いからだということになる。実際に男性の看護師の中には「死の天使型」の連続殺人犯人が存在する。

　長い間，このタイプの犯罪者は看護師であったが近年，職務形態が類似する介護の仕事においても同様の事件が報告されている。

<ジニーン・ジョーンズ事件>

　ジニーン・ジョーンズ（Genene Jones）はテキサス州サンアントニオのベクサー病院の集中治療室（ICU）の看護師であったが，この病院では，患者の子どもが突然死亡する事故が多発していた。1981年5月～12月の間に20名もの児童がICUで死亡していたのである。これは病院の規模からして考えられない高い死亡率であった。調査の結果，点滴の中から抗凝固剤が発見され，また，ジョーンズの勤務の時に死亡が集中していることから，ジョーンズが疑われたが，彼女が子どもを殺害する動機はまったくなかったうえに，彼女は医師よりも優秀な看護師といわれているほど有能で，さまざまな症状に適切な指示を与えるだけでなく，患者が亡くなったときには人一倍悲しんでいたため，ジョーンズが犯人であるとは考えにくかった。

　しかし，ベクサー病院は刑事告訴しない代わりに彼女を解雇することにした。ジョーンズはその後，キャスリー・ホランド小児病院へ移った。すると，ベクサー病院で原因不明の死亡事故はなくなったが，今度はホランド病院で予期せぬ心臓停止が相次ぐこととなった。このうち，17か月のチェルシー・マクラレン（Chelsea Ann McClellan）ちゃんが，ジョーンズによって予防注射を受けた直後に心臓停止して死亡した事件をきっかけにして警察の捜査は，ジョーンズにむけられることになる。チェルシーちゃんがこのような心停止を起こしたのは2度目であり，前にもジョーンズと2人きりにされた後で急変していたことや，チェルシーちゃんの墓の前でジョーンズが泣いていたことなど不審なこともあったからである。検死解剖の結果，遺体から筋弛緩剤サクシニルコリンが検出された。そして，これを注射できた唯一の人物である，ジョーンズが検挙された。

　ジョーンズは，驚くべきことに「子どもを救う」行為をするために「子どもに毒」を注射していた。ジョーンズは，チェルシーちゃん殺害の容疑で有罪となり，99年の刑が言い渡された。彼女が殺害した子どもの人数はわかっていないが，47名という報道もある。

　解説　救命のためにわざと患者を悪化させるというのは，火災を消火してみずからがヒーローになるという英雄志向の放火犯と類似している部分があり，一種の自己顕示的な犯罪であると考えられる。その一方でハードワークなわりに自己効力感が得られにくい看護師という仕事の特徴がこの種の事件の原因の一つになっているのではないかとも考えられる。

<ビバリー・アリット事件>

　ビバリー・アリット（Beverley Allitt）は，第2のジニーン・ジョーンズといわれたイギリスの看護師である。彼女は，目立ちたがり屋で子どものころからわざと

自分を傷つけたり病気になったりして人目を引くような性癖があった。彼女が看護師となり，イングランド東部のグランサム・アンド・ケスティーヴン総合病院の小児病棟に勤め始めるとその病院で原因不明の心停止が相次いで発生した。はじめは，生後7週間のリーアム・テイラーが心停止で死亡し，10日後には，11歳のティモシー・ハードウィックが，さらに数日後には，生後5か月のポール・クランプトンが3度も発作を起こして死にかけ，その直後に一卵性双生児のベッキーとケイティのフィリップス姉妹が心停止を起こした。他にも多くの事件が発生していた。事態を重く見た病院が調査すると，被害者の体内から，大量のインシュリンや，麻酔薬のリドカインが検出された。すべての被害者と関わり合いのある人物として浮上したのが，ビバリー・アリットである。アリットは検挙され4名の殺人と9名の殺人未遂罪で終身刑を宣告された。

解説　死の天使型の事件は世界各国で発生しており，その犯行パターンも似通っているところが興味深い。

(3) 代理によるミュンヒハウゼン症候群

　代理によるミュンヒハウゼン症候群は，自分の子どもを故意に病気にしたり，けがを悪化させたりすることを継続して行い，場合によっては子どもが死亡するという虐待の一種である。子どもが死亡すると対象は別の子ども（きょうだい）に移っていくことが多く，連続殺人となりやすい虐待である。そもそもミュンヒハウゼン症候群というのは疾病利得のためにみずから病気になったふりをする虚偽性障害のことをさすが，代理によるミュンヒハウゼン症候群は，自分の子どもを「実際に」病気にすることによって疾病利得を得る行動である。この場合の疾病利得とは，子どもを看病する献身的な母親を演じることによって周囲の注目を引いたり，病気の子どもを献身的にケアする自分自身にアイデンティティを感じることである。

　子どもに対する攻撃は，はじめは，検査結果をごまかしたり，虚偽の症状を報告したりして実際には病気でない子どもを病気に見せかけるという形でスタートすることが多いが，次第に実際に子どもを病気にするという行動になっていく。周囲の注目を引き続けるために子どもの病気も次第に重くなっていくケースが多い。死の天使型が他人の子どもを狙うのに対して，代理によるミュンヒハウゼン症候群では自分の子どもに対して虐待を行うことが大きな違いである。

この虐待の形態は 1977 年にはじめて報告されたが，その後，大量の報告が行われ，じつはかなりポピュラーな虐待の形態ではないかといわれている。日本でも厚生労働省の「虐待における死亡事例」の分析においては，心中を除く死亡事例のうち 4.5％がこのタイプの虐待であると指摘されている。

＜ジョージ・グレゴリーのケース＞ ・・・

　ジョージ・グレゴリーは，代理によるミュンヒハウゼン症候群の被害者である。彼女はみずからの体験を綴った『母に病気にされ続けたジュリー sickend』という本を出版し，この障害を広く知らしめた。彼女は普通の健康な少女だったのだが，彼女の母親は，彼女を病気のように扱い，病院に連れて行ったり，さまざまな薬物を飲ませた。彼女は必要のない検査を何回も受けさせられ，太ももを切開される心臓カテーテル検査まで受けさせられた。彼女には，アレルギー，栄養失調などさまざまな病名がつけられた。母親は，最後は医師に開胸手術まで迫り，これを断られると別の心臓専門医に電話したという。ジュリーは大学の授業で「自分の受けた行為に名前がある」ことを知り，初めて自分がされていたことが虐待なのだと理解した。ただしこのケースでは最終的に彼女が殺害されていないという点が大きな救いであろう。

　解説　この書籍は，世界中にこの症例を知らしめた代表的なものであり，彼女のケースは最も有名な代理によるミュンヒハウゼン症候群の事例である。

＜京都のミュンヒハウゼン症候群事件＞ ・・・・・・・・・・・・・・・・・・・・・・・・・・・・・・・・・・

　2008 年 12 月 24 日，京都府警は京都市内の病院の集中治療室（ICU）に入院していた 1 歳 10 か月の少女の点滴チューブに，腐敗したスポーツドリンクを注射器で注入して殺害しようとしたとして実母の女性を殺人未遂の容疑で検挙した。少女ははじめ岐阜県内の病院に原因不明の感染症で入院していたが，尿から有機化合物が発見されたり，血液中から普通は存在しない複数の細菌が発見されたりしたので，京都大学附属病院に転院した。入院当初から母親が点滴チューブに触れたり，ICU のカメラの死角でこそこそと何かしていたことから警察が任意で事情を聞いたところ，鞄の中から複数の注射器と，腐ったスポーツドリンクが発見された。じつはこの被害児童は 5 女で，上に 4 人の女のきょうだいがいたが，その後の調査で長女を除く，次女，三女，四女に対して母親は同じことを繰り返し，3 人が死亡していたことが判明した。母親は警察の調べに対して「つきっきりで看病したかった。周りの人にがんばっていると思ってほしかった。同情してほしかった」と述べている。

　解説　日本で発生した典型的な代理によるミュンヒハウゼン症候群の症例であ

る。とくにきょうだいがいる場合，症状がどんどん伝染していくという部分や母親の供述に注目してもらいたい。

女性の連続殺人のまとめと設問

キーワード 黒い未亡人型，死の天使型，代理によるミュンヒハウゼン症候群，保険金殺人，学習性無力感，疾病利得，ミュンヒハウゼン症候群

設問 1）女性による連続殺人を男性による連続殺人と比較しながら論じなさい。
2）女性による連続殺人を分類し，それぞれについての具体例をあげなさい。

第3章 大量殺人

1 大量殺人（mass murder）の定義

　大量殺人とは，ある一つの場所，一つの時間帯で同時に多くの人を死傷させる犯罪のことである。ただし，実際には一つの場所，一つの時間帯で行う大量殺傷に単独の殺人が付随することもある。具体的には，街中や学校，職場での銃乱射や無差別殺傷事件や，家族を皆殺しにする強盗殺人，一家無理心中などがこの類型に入る。

2 大量殺人犯人の分類

　大量殺人事件については，その犯行形態を何人かの研究者が分類している。たとえば，ホームズら（Holmes & Holmes, 2001）は，不満を持った従業員タイプ（会社に対する恨みから会社で大量殺傷を行うもの），不満を持った市民タイプ（社会に対する恨みから街中で大量殺傷を行うもの），家族皆殺しタイプ（家族を殺傷するもの），門弟タイプ（教祖などのいいつけに従って大量殺傷を行うもの），イデオロギーに基づいた大量殺傷（政治テロなどのテロリズム），セット＆ランタイプ（爆弾などを仕掛けて逃走するもの），精神疾患タイプ（精神疾患の妄想などを原因として大量殺傷を行うもの），学校内銃乱射タイプに分類している。また，越智・木戸（2011）は，大量殺傷事件の犯行形態を多変量解析することによって，無差別大量殺傷型，犯罪型，家族対象大量殺

傷事件に分類している。

(1) 無差別大量殺傷

　無差別型大量殺傷は，街中や会社，学校，飲食店などの公共の場所でそこに居合わせた人を無差別に殺傷する行動パターンである。

　凶器としては海外では銃，国内では刃物が用いられることが多い。このタイプの犯人は，犯行に先立って大きな挫折や生活上の困難に遭遇していて，将来に絶望していることが多い。また，犯行後に自殺するか，警官隊と無謀な撃ち合いをして撃ち殺されることが多いこと，また，逮捕されてしまった場合には事件についての謝罪はせずに死刑にしてくれと求めることが多いことなどから，そもそも自殺願望があり，それを実現するにあたって，大量殺傷を行っているのではないかと考えられる。

　犯行は一見，「無差別」で，確かに，犯行現場では区別なく被害者を殺害するが，どこで犯行をひき起こすかについてはこだわりがあり，その場所でできるだけたくさんの人を殺害するために最適な時間帯，最適な方法を事前に考えて計画的に事件を起こす。この対象となる場所はみずからを「自殺」せざるを得ない状況に追い込んだ原因と関連した場所であり，いじめなどを受けていた学校，クビになった会社，村八分にされた村，自分を入学させなかった大学，自分を失業させた人種の集まる場所などが選ばれる。いったん対象が選択されるとその場所に存在する人を全員抹殺するような行動をとる。

　犯人はそもそも自殺するつもりで犯行を行うので，事件後の逃走方法や事件後の生活についてはまったく考えていない。また，身元が突き止められないようにするための変装は一切行わない。むしろ，世の中の不正や自分をこのような境遇に追いやった対象に対する攻撃の理由を社会に広報しようと考え，遺書を残したり，犯行声明をネットにあげたり，報道機関に送ったりするケースがある。

　なお，このタイプの大量殺傷犯人は，大量殺人の直前に，自分の両親や妻，恋人，一方的に思いを募らせている人物，ペットなどを殺害することが多い。これは一種の無理心中的な心性によって行われると思われる。

＜バージニア工科大学銃乱射事件＞

　バージニア工科大学銃乱射事件は2007年4月16日にバージニア州ブラックスバーグのバージニア工科大学で英文科の在学生で韓国人のチョ・スンヒ（23歳）が学内で銃を乱射して，教員5名を含む32名が撃ち殺され，犯人は自殺した事件である。アメリカの学校内銃乱射事件では最悪の事件である。
　犯人の学生は学内では孤立しており，学校に適応できていなかった。彼は周りの学生からいじめられ，「唾を吐きかけられた（犯行声明テープの表現）」。彼は絶望的になり，自分をそのような状態に追い込んだバージニア工科大学の人びとを殺害し，自分も死のうと決心した。彼は，自分のお金でグロック17とワルサーP22という2丁の拳銃を購入し，4月16日に殺害行為を開始した。彼はまず，学生寮で男女2名を殺害した。この2人の遺体はすぐに発見され，バージニア大学当局は学内で殺人事件が発生し，犯人が逃亡中のため，授業を休講にすることを決定したが，そのときすでに第1時間目は始まっていた。犯人は犯行声明をビデオにとり，それをNBCテレビ宛に郵送すると，学生寮から800m離れた講義棟の教室に乗り込み，まずは教授を射殺。次に教室の鍵を閉めて学生を外に出さないようにしたうえで銃を乱射した。犯人は一つの教室で乱射を行うと次々に別の教室に移ってたくさんの教員と学生を殺害していった。警官隊が講義棟にかけつけると犯人はみずからを銃で撃ち自殺した。
　NBCに送られたテープには，みずからが学内でいかにひどい仕打ちを受けたかということやアメリカ人学生の退廃的な生活や贅沢志向への批判，自分はこれをやらなくてはならないのだという決意などとともに，カメラに向かって怒りを顕わにする彼の姿が録画されていた。

　解説　この事件の犯人の行動は大量殺人の典型的な行動であり，犯人像も典型的である。大量殺人犯人は遺書を残すことが多いが彼は文章でなく，ビデオでそれを残したところが現代的である。このビデオの一部はYou Tubeなどでも視聴でき，彼の殺人への動機を理解する重要な助けとなる。

＜パトリック・パーディー事件＞

　パトリック・パーディー（Patric Purdy）は，1989年1月17日カリフォルニア州ストックトンのクリーブランド小学校でAK47を乱射して6歳から9歳の児童5名を殺害し，39人の児童に重傷を負わせた犯人である。彼はワシントン州で生まれたが，父親のDVが原因で両親が離婚し，母親とともにストックトンに越してきてここで育った。彼は若いころから，拳銃の不法所持，窃盗，強盗，売春，麻薬取引などのさまざまな犯罪に手を染めてきた不良だった。また，アルコールと麻薬中毒の問題も持っていた。1987年には溶接の技術を身につけ就職しようとしたが，就職はなかなかうまくいかなかった。彼は，自分が就職できない理由の一つと

して，アジアからの移民がアメリカ人の仕事を奪っているのではないかと考えた。彼はもともと不平不満が多く，次第にフラストレーションはたまっていった。そして，ある日，ついに彼は事件現場の小学校へ向かった。この学校は，アジア系の移民が71％を占め，とくにベトナム系住民が多く通っていた学校だった。彼は憎むべき外国移民の象徴としてこの学校を選んだのである。彼の銃撃で死亡した子どもたちは全員がアジア系移民だった。彼は，1分半にわたって銃を乱射したあと，拳銃を頭にあてて引き金を引き自殺した。

> **解説** この事件の犯人の行動パターンも比較的典型に近い。アジア系移民に対して特別な怒りを醸成させて，そのカテゴリーに対して復讐を行ったというのが犯罪動機だと考えることができよう。

＜下関大量殺傷事件＞

1999年9月，上部康明（35歳）がJR下関駅の東口から構内に突っ込み，7人をはね2人を死亡させた後，包丁で構内にいた人を次々に刺しながらホームに駆けあがりさらに3人を殺害した大量殺傷事件。犯人の上部は，両親ともに教師という厳格な家庭で育ち，名門高校，国立有名大学を卒業したが，元来から人とうまくやっていくことが難しく，就職も難しかった。最終的に小規模の設計事務所に勤め1級建築士を取得後，独立して事務所を開いた。しかし，もともと人とうまくやっていけないことからこの事務所もうまくいかなかった。数年後には事務所を閉めざるを得なくなる。彼は新婚旅行で行ったニュージーランドで人生をやり直そうと考え，ニュージーランドへの移住を考えるようになる。結婚相談所の紹介で結婚した妻を最初にニュージーランドに送り，自分は資金を貯めるために軽トラックを購入し運送業を始める。しかし，数か月後，いきなり妻から離婚を切り出された。また，台風18号でトラックが冠水して使用できなくなり，両親に頼んだ借金も断られ，追い詰められた彼は人生すべてに絶望し，この責任は社会と両親にある考え，下関で大量殺傷を引き起こした。裁判では，「社会に不満があり，だれでもいいから殺してやろうと思った」と明確に殺意を語った。また，この事件以前に起こった池袋での大量殺傷事件を見て「ナイフだけではたくさんの人を殺せない，車を使おう」と考えたとも述べている。この事件以降，大量殺傷事件において車が使用されることが多くなった。精神鑑定も行われたが，責任能力が認められ，最終的には死刑が確定し，執行された。48歳であった。

> **解説** この事件では復讐の対象があまり明確ではなく，社会一般であったと思われる。さまざまな原因から精神的に追い詰められて最終的には加速度的に彼に不幸が襲ったことが彼に犯行を決意させたのだろう。犯行パターンとしては比較的典型的である。

＜都井睦雄による津山30人殺し＞

　都井睦雄は，1938（昭和13）年に岡山県苫田郡西加茂村の部落で村民30人を殺害し，3名を負傷させた大量殺人犯人である。

　睦雄は1917年に岡山県で生まれた。彼は子どものころ，両親を肺結核で亡くしたため，もっぱら祖母に育てられた。祖母からは溺愛され甘やかされて育った。彼は，1924年に小学校に入学する。学業成績はきわめて優秀であり，病気で学校を欠席しがちであるが，模範的な生徒であり，小学校，高等小学校でも，級長になり人望も厚かった。彼は，教師たちから上級学校への進学を勧められたが，祖母が反対し，また農家を継ぐ必要があったために進学は断念せざるを得なかった。当時は軍国主義の最盛期であり，男子の一家の名誉は徴兵検査に甲種合格し，軍隊に入ることであった。ところが，徴兵検査前から睦雄は両親と同様に肺結核を病み，徴兵検査でも丙種合格となってしまう。丙種合格は実質的には不合格である。この出来事は，睦雄の人生を一変させる。部落内では結核に対する偏見は強く，また，兵隊になれなかった睦雄の絶望は大きかった。彼は部落内で何人かの女性と関係を持っていたが，結核ということが判明すると，彼女らからも冷たくあしらわれた。

　睦雄は，絶望からその後「不良村民」となる。銃を持って部落内をうろついたり，「殺してやる」などと人びとを脅し出したため，部落の人びとは彼をさらに遠ざけた。この状態は4年近く続いたが，状況は次第に悪化していった。彼は，匕首やブローニング猟銃，日本刀，猛獣用実包，散弾などの武器をそろえており，部落の人びとも彼がなにかとんでもないことをやらかすのではないかと恐れていた。実際，事件の1週間ほど前には，睦雄を恐れた家族が引っ越しをして部落から出て行っている。睦雄は5月18日に長文の遺書を執筆し，身辺を整理した後，21日を殺人の実行日に選ぶ。部落を入念に下見したあと，20日の夕方に電線を切断し，部落の電気を使用できないようにした。21日の午前1時過ぎ，彼は匕首，日本刀，斧，ブローニング銃で武装し，100発以上の銃弾を持って殺人を開始した。まず，祖母の首を斧で切断して殺害し，その後，部落の家々を順に回り，日本刀とブローニング銃で次々と村民を殺害していった。5歳から86歳まで老若男女の区別なく殺害した。彼は1時間半ほどで一通り部落を回った後，そこから数km離れた山中で自分の胸を撃ち，自殺した。

　解説　時代も文化もまったく違う日本の昭和初期に，現代のアメリカや世界各国で生じている大量殺人とほぼ同じパターンの犯人像，同じパターンの事件が発生しているのは非常に興味深く，この種の犯罪が通文化的，通時代的なものである可能性を示している。

(2) 犯罪型大量殺傷

犯罪型大量殺傷には，強盗などの機会に居合わせた家人や従業員を全員殺傷

するといった強盗殺人型や，暴力団などの抗争に際して，相手方を襲撃して居合わせた者を同時に大量に殺傷する組織暴力型，保険金を受け取るために建物に放火したり，交通機関を破壊したりして多くの人を殺傷する保険金型，放火や爆発などによって現場に居合わせたものを大量に殺傷するタイプなどが存在する。犯人の行動も目的も多様である。

＜練馬一家5人殺害事件＞

　　不動産鑑定業の男Aは，競売によって練馬区大泉学園の物件を落札した。代金の1億600万円は，自分の資産のほとんどを担保に入れて銀行から借りたものであった。その後，渋谷の不動産会社と1億2,000万円で売買契約が成立した。ただし，明け渡し期限の日までにその家に住んでいるBさん一家を追い出さなければならない。Aは，Bさん宅に連日通い，Bさんに立ち退きを説得を続けた。Bさんの住む家は，実際にはBさんの妻の父親の所有物であったが，父親の借金のカタに競売にかけられたのであった。ただ，この父親がBさんに「家に居座り続けろ」と指示していたので，Bさんは居座ったという。ところでAは銀行からの金利も毎月100万円にもなるし，また，もし期限までにBさんを立ち退かせることができなかった場合には，多額の違約金を払わなくてはならなくなることから，次第に追い詰められてきた。そして，期限切れの3日前，Bさん宅を訪ねたAは，最初に現われたBさんの妻をいきなり金槌で殴り殺害し，その後，1歳の次男，6歳の三女を絞殺，まもなく帰宅した次女も殺害した。そのまま夜まで居座ったが，午後9時過ぎにBが帰ってくると30分間にわたり，Bに対して自分の行為の正当性について語り，その後，まさかりで切りつけ出血多量で死亡させた。その夜から朝にかけて，Bさんの遺体をミンチ状にした。なお，この事件では当時，林間学校に行っていた長女が一命を取り留めている。Aには死刑が言い渡された。

　解説　犯人自身も追いつめられての大量殺人事件である。大量殺人事件では，事件自体は考えられないほど凶悪なものであるが状況を見ていけば犯人なりの論理はあることが多く，事件を理解するためには，その論理を把握することは重要である。なお，この事件に触発されて野沢尚の『深紅』という名作のミステリーが書かれている。

＜宇都宮宝石店強盗放火殺人事件＞

　　2000年6月11日午後5時過ぎ，宇都宮市のジュエリーツツミに大きなブランドバックを持った男が現われた。彼は，バッグの中に現金で1億5,000万円持ってきたので，希望する宝飾品を売ってほしいと当時49歳の店長に話した。店長は希望する宝飾品を揃えるのに時間がかかるため，閉店後に再度来店するよう伝える。

男は午後7時30分，再度来店し希望する宝飾品を確認した。その後，男は言葉巧みに店長と店員ら（全員女性）を一箇所に集めると，態度を豹変させ刃物を突きつけて従業員を脅した。店長を脅迫し，他の店員の両手を男が事前に用意した粘着テープで縛らせた。男は，店長の両手両足および店員の両足をテープで縛り，さらに全員の目にハンカチを当てテープを巻き付けて目隠しをした。全員を休憩室に閉じ込め，店員の足下および1名の上半身にガソリンをかけ，火をつけて逃走した。現場からは完全に炭化した6体の焼死体が発見された。死因は火傷死2名，焼死4名。犯人は死刑が確定し，その後執行された。

解説 強盗における大量殺傷の事例である。犯人の男は無職だが金遣いが荒く愛人を囲うなど派手な生活をしていた。金がなくなったことから一攫千金を狙って犯行に及んだものである。この男は，以前にもジュエリーツツミで大金の取引を持ちかけており，身元調査の結果，要注意人物であるということが把握されていた。この事実はツツミの本店もつかんでいた。そのため，栃木県警は早期に彼を容疑者としてピックアップできた。そして，商店街のビデオカメラに写っていた，服に火をつけたまま店から出てくる犯人の映像を確認したところ，この男であることが判明したためにわずか1日でスピード検挙された。検挙後，本人は，火をつけるつもりはなかったが，脅すつもりでライターに火をつけたら着火してしまったとして殺意を否認したが，これが裁判で認められることはなかった。

(3) 家族対象大量殺傷

家族対象の大量殺傷は，犯人がみずからの家族を同時に殺傷し，最後は自殺するという犯行パターンである。いわゆる「一家心中」，「一家無理心中」である。犯人は，ほかのタイプの大量殺傷犯人に比べ高齢（中高年）で，前科はなく，定職に就いている。定職の多くは自営である。犯人は，生活上のさまざまな問題から自殺することを決意し，自分が自殺した後の家族の状況などを考え，その幸せのためには，家族も一緒に殺害したほうが良いと思い，家族を順次殺害してから最後に自殺を試みる。絞殺，刺殺などの手段がとられる。きっかけとなる生活上の問題としては，犯人が男性の場合，自営している商売の経済的な問題が多く，女性の場合には，精神疾患や本人や家族の健康上の問題，生活困窮などより多様になる。

＜つくば母子殺害事件＞

　つくば市の総合病院に勤める29歳の医師による殺人事件である。医師には妻と2人の子どもがいたが，それとは別に看護師の愛人もおり，3か所の投資用マンションを保有するなど借金も多く，生活は楽ではなかった。愛人問題が妻に発覚したこと，妻から慰謝料1億3,000万円を請求されたことから，1994年10月29日の未明に妻とトラブルになった。妻は，愛人のことを病院長にばらすといい，包丁を持ち出したり，自分の首にロープを結んで，いっそ自分を殺せと叫んだりしたため（医師の供述），医師はロープで妻の首を絞めた後，口をふさいで窒息死させた。医師はその後，父が殺人者になった子どもがあわれになり長男と長女を絞殺した。その後は病院に出勤している。遺体を2日間自宅に置いていたが，そのままにしておくわけにもいかず，31日に3人の遺体を車に乗せ，首都高速の大黒ふ頭の非常用駐車場から海に投げ込んだ。遺体遺棄の前に歌舞伎町でソープランドやストリップに行っていたほか，翌日には愛人である看護師とともに北海道旅行を予約した。求刑は死刑だったが，検挙後は捜査に協力的であったこと，減刑嘆願書が提出されるほど人望があったことなどから，裁判では3人を殺害しているにもかかわらず，無期懲役となった。

> **解説**　この事件は，一家皆殺し事件であるが犯人は自殺していない。家庭内の困難によって思い悩んだ末の一家心中であるというよりも夫婦間殺人がきっかけとなって子どもも殺害した事件といえる。ただし，長男を殺害した理由については，「父親が殺人者となって不憫だから」と述べており，一家心中パターンと類似した特徴がみられる。この時点で医師は自殺の可能性も考えていたかもしれない。

(4) 精神疾患・薬物中毒による大量殺傷

　精神疾患による被害妄想などの妄想に導かれたり，幻聴に命令されたりして大量殺傷を行うケースがある。家族大量殺傷事件などの場合も加害者にうつ病などの症状がある場合が少なくないが，妄想の場合には，統合失調症が代表的なものである。ただし，統合失調症だからといって殺人事件を起こす可能性が高まるというわけではないので注意は必要である。また，薬物中毒においても，同様の妄想が発生し，それが大量殺傷に結びつくケースがある。とくに危険だと考えられているのは覚醒剤とLSDである。

<深川通り魔事件>

　1981年6月17日午前11時35分ごろ，東京都江東区森下二丁目の商店街喫茶店「ロアール」前の路上において，当時29歳のすし職人Kは，持っていた刃渡り22センチの柳刃包丁で，歩いていた親子にいきなり襲いかかった。彼は，ベビーカーに乗っていた1歳の男の子の腹部と3歳の女の子の胸部を刺し，母親の背中を刺して母子3名を殺害した。さらにそこから10m先の「三河屋酒店」前を通行中の33歳の女性の腹部などを突き刺し死亡させ，またさらに，そこから約15m前方の「森下診療所」前を通行中の71歳の女性の腹部と「花菱化粧品店」から出てきた39歳の女性の手首を刺し，それぞれに重傷を負わせた。男はその後，通行中の女性を人質にして，中華料理店の2階に立てこもった。すぐに警察が駆けつけ，中華料理店を取り囲んだ。男は説得には応じず，「電波でひっついている役人の家族をすぐつれて来い。次に書くすし店の夫婦を，全員つれて来い。銚子の水産会社の夫婦もつれて来い。半日以内に来なければ人質を殺す。おれがこういうことをしたのも，みんなひっついている役人が悪いからだ。電波でひっついているからだ。人が死んだのも，役人とグルになっておれを苦しめた，すし店と水産会社が悪いからだ」と妄想じみた要求を行った。

　午後6時50分ごろ，男の隙を見て人質の女性が逃走したことをきっかけに警察官が突入し，包丁を振り回し抵抗する男を取り押さえ，現行犯逮捕した。男が白いブリーフにハイソックス姿で警察官に両側から取り押さえられて連行される姿がテレビで中継された。犯人は傷害事件で7回も逮捕歴のある男で，しかも覚醒剤中毒であった。動機としては警察官に「寿司職人になろうと面接を受けたが，断られて腹が立った。子どもを持つ家族が羨ましかった，子どもの父親が来たらいつでも恨みを晴らさせてやる」などと語ったという。尿検査で覚醒剤が検出されたこともあって，覚醒剤中毒による心神耗弱状態とされ，判決は無期懲役となった。

解説　覚醒剤による被害妄想は，この種の立てこもり事件ではしばしばみられる原因の一つである。

<デイル・ネルソン事件>

　カナダのブリティッシュコロンビア州クレストン在住のデイル・ネルソン（Dale Merle Nelson）は，アルコールとLSDの影響下で大量殺傷を行った。彼は1970年9月4日，友人とともに大量のビールとウォッカを飲み，そしてLSDを摂取した。LSDは幻覚作用のある強力な麻薬である。彼は，夜中に親戚であるシャーリー・ウェイセック（Shirley Wasyk）の家を訪れると，彼女を銃床で殴って殺害し，7歳のトレイシーの腹部と顔面を切り裂いて殺害し，その内臓の一部を食べた。彼は殺害したトレイシーの遺体とともに車で移動し，いきあたりばったりにレイ・フィップス（Ray Phipps）の家に押し入った。そこで，夫婦と3人の息子を顔面を撃っ

て殺害すると，8歳のキャシーを連れて逃走した。翌日，ネルソンの車が路肩の溝にはまった状態で発見された。警察が付近を捜索すると，そばには血のついたハンマーと片手，片足，頭部が切断されたトレイシーのバラバラ遺体があった。警察はそばの小屋で寝ていたネルソンを発見した。ネルソンはキャシーの遺体のありかを地図上で示し，警察がそこで，キャシーの遺体を発見した。

彼の弁護人となったモラン弁護士（M. E. Moran）は，この事件はLSDによって引き起こされたものであり，彼は責任無能力であると主張したが，最終的にネルソンには終身刑が言い渡された。

解説 この事件でLSDがどの程度，本人の行動に影響したのかはわかっていないが，犯人のまったくの無秩序的で残虐な行動は，彼が正常な精神状態でなかったことを示している。このような行動を行うのはやはり重度の精神疾患か，強力な薬物の影響下にあったとしか考えにくい。

大量殺人のまとめと設問

キーワード 大量殺傷，無差別大量殺傷，犯罪型大量殺傷，家族対象大量殺傷

設問
1) 大量殺傷事件について犯行パターンを分類してそれぞれのタイプについて具体例をあげて論じなさい。
2) 無差別大量殺傷犯人の典型的な行動とそのような行動を行う理由について具体的なケースを取り上げながら分析しなさい。
3) 本章であげられていない国内外の無差別大量殺傷事件を取り上げて，典型的な犯行パターンと合致しているかどうか，合致しない点があれば，なぜ合致していないのかなどについて分析しなさい。

第4章 テロリズム

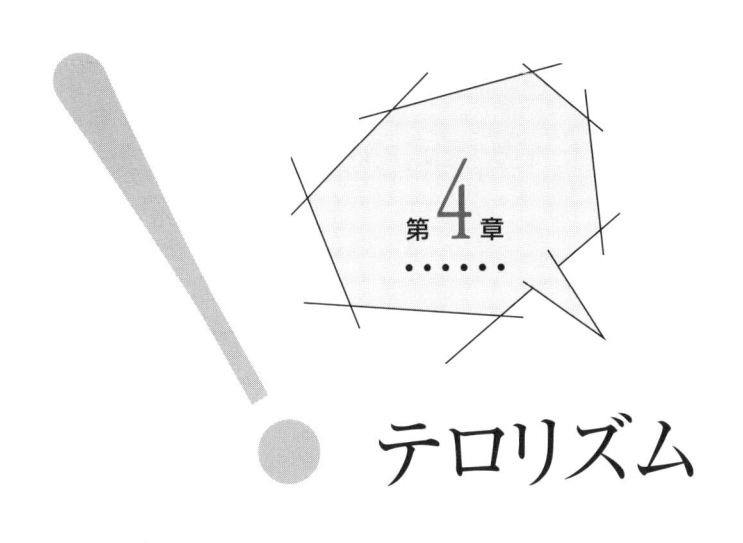

1 テロリズムの定義

　テロの定義は大変困難であり，「テロの定義」だけについて書かれた本もあるほどである。場合によっては大量殺傷事件や連続殺人事件もテロと呼ばれる。ここでは，テロの定義を「個人的な動機ではなく，なにかの社会的大義を実現するための手段（と勝手に犯人が思い込んでいるものも含む）として行われる犯罪行為」として定義することにする。犯罪行為とは具体的には大量殺傷，暗殺，暴行，人質立てこもりなどの形で行われる。

2 テロリズムの分類

　テロ行為を分析するためには多種多様にわたるテロ行為をなんらかの基準で分類することが必要である。テロ行為はなんらかの大義のもとに行われ，テロリストの行動は，みずからの欲求ではなく，その信念に基づくことが多いので，彼らの行動を理解したり，予測したりするためには，彼らの個人的特性よりは信念をもとにして分類するほうがわかりやすい。

(1) 左翼テロリズム

　左翼テロリズムはマルクスやレーニン，トロッキーなどの思想家の影響を受けた左翼的思想の持ち主によって行われるテロリズムのことである。左翼思想

は，資本主義国家を打ち倒し，社会主義国家，そして共産主義国家を樹立することを目的とするが，この変革は，資本主義体制を維持している資本家や国家体制自体を暴力的に破壊することによってしか成し遂げられないと考えられている。そのために彼らの活動自体が，現体制からすれば犯罪となってくる。日本における左翼テロの攻撃対象は，資本主義的な社会体制を維持拡大しようとする政府や，資本主義国家を維持し革命を押さえるための武力集団である警察や自衛隊，労働者を搾取して巨大化し，さらには帝国主義を進展させている大企業などである。また，左翼思想は，基本的に過去の社会体制や文化は社会の進歩を押さえ込むものだとネガティブにとらえることが多く，天皇制や日本の伝統文化を守っている寺社なども攻撃対象としている。

左翼テロリズムは個人によって行われることは少なく，同じような思想を持ったグループによって行われる。これらのグループは基本となる思想や，行動方針の違い，ささいないがみあいなどによって小さなグループに細かく分かれてしまっている。これらのグループのことをセクトという。代表的なセクトとしては中核派や革マル派がある。これらのセクト間は抗争関係にあることが多く，セクト間で構成メンバーを襲撃したり殺害したりすることがある。これを内ゲバという。

左翼運動は1960年代から1970年代初めにかけて大きな盛り上がりをみせたが，その後，衰退した。左翼のメンバーも高齢化し少なくなっているが，テロ事件はなくなったわけではなく，現在でも続いている。

＜連合赤軍リンチ殺人事件＞

日本に共産主義革命を起こそうとしている団体，京浜安保共闘は1971年11月に群馬県榛名山に軍事訓練の拠点（榛名山ベース）を作り，そこに同様な方向性を持つ赤軍派が合流して連合赤軍を発足させた。連合赤軍はここで軍事訓練を始めたが，リーダーの永田洋子，森恒夫はみずからはすでに共産主義化されて鉄の意志を持った革命兵士を自認していた。そのため，いつしかこの集団は永田と森の独裁的支配体制に移行していった。永田と森は自分たちの気にくわない行動（たとえば，化粧をするなど）をするメンバーを規律違反や，反共産主義的行動をしたなどの名目で集団リンチにかけた。永田らは真の革命兵士になるためにはこの行為が必要だと他のメンバーを説得し，他のメンバーともどもリンチを行っていった。この集団リンチは「総括」と呼ばれた。彼らは殴られ，縛られ，冬の屋外に放置された。裏

切り者とされた者はもっと直接的に刺殺，絞殺された。最終的にこのリンチによって12人が殺害された。集団リンチを恐れて脱走したメンバーが検挙され，その後警察が榛名山ベースで発見し，永田・森も検挙された。なお，このとき逃走したほかの5人はこの後で，軽井沢の浅間山荘に立てこもる浅間山荘事件を引き起こした。

解説　この事件は，左翼テロ事件そのものというよりも左翼的学生運動の衰退過程の中で起きた一つの悲劇だといえる。同時に社会変革のための思想は多くの国家でそうだったように，もともとは自由と正義にためのものであってもリンチや虐殺を生んでしまいやすいという皮肉な現象を示している一つの例である。

<日本赤軍テルアビブ空港銃乱射事件>

東大安田講堂落城などで左翼運動に対する一般市民からの支持も大きく低下し，壊滅的な影響を受けた赤軍派は海外に拠点を移すことを考えた。その候補地の一つがパレスチナであった。赤軍派の重信房子，奥平剛士，安田安之，岡本公三などがベイルートに渡り，PFLP（パレスチナ解放人民戦線；Popular Front for the Liberation of Palestine）と合流して日本赤軍を形成した。1972年5月8日，PFLPは，サベナ航空機を乗っ取りイスラエルに着陸させ，投獄されている同志の釈放を要求した。これに対して，イスラエルは強行突入してゲリラを射殺した。PFLPはこれに対してテルアビブ空港を襲撃する報復作戦を計画した。しかしながら，イスラエル国内の空港では，アラブ人に対するチェックは厳しくそこを襲撃することは到底できなかった。これに対して，日本赤軍の奥平，安田，岡本は，日本のふがいない左翼運動に喝を入れ，真の世界革命戦士のあるべき姿を見せつけるため，みずからが革命運動に殉じようと決心し，PFLPの要請に応じて，テルアビブ空港を襲撃することを決意した。1972年5月30日，彼らは，パリ発ローマ行きのフランス航空機でテルアビブ空港に降り立ち，税関で受け取ったスーツケースからソ連製のAK47自動小銃と手榴弾を取り出すと，空港内で銃を乱射した。この結果，26人が死亡，73人が重軽傷を負った。奥平と安田は自爆して死亡。岡本は逮捕された。

解説　この事件は，国内の左翼運動が次第に衰退し，閉塞的な状況に陥った中で強固な左翼思想を持った若者たちが行ったテロ行動である。

(2) 右翼テロリズム

右翼は日本国の伝統と文化に基づき，天皇を中心とした国家体制を樹立することを目的とした思想である。右翼テロとは，このような国家を実現するため

に行われるための実力行使である。直接的に国家体制を破壊して，新しい国家体制を作りあげようとする右翼クーデターは右翼テロの一つの形態である。しかしながら，現在では右翼テロのターゲットは，国家体制そのものよりも，左翼思想を持った政治家や文化人や組織，朝日新聞などの左翼系メディア，日教組などの左翼系の団体になっており，反共産主義的な活動が中心である。

＜山口二矢による浅沼委員長殺害事件＞

　60年安保闘争が大きな盛り上がりを見せていた1960年5月20日，自民党は単独で新安保条約を強行採決し，それを知った全学連の学生は6月15日に国会に突入した。これを見ていた右翼は日本にも共産主義国家が誕生してしまうのではないのかという大きな危機感を感じた。右翼青年山口二矢もその一人であった。彼はこのような時代を流れを作り出している責任者の一人が左翼政党である社会党の委員長である浅沼稲次郎であると考え，彼を殺害することを決めた。彼は所属していた右翼団体である大日本愛国党を退会すると，短刀を持って日比谷公会堂の三党首演説会に向かった。そこでは浅沼が演説をすることになっていた。山口は公会堂の前のほうに陣取り，浅沼が登壇すると襲撃のチャンスを待った。司会者が場内の野次をたしなめる発言をした直後，山口は短刀を構えて浅沼に体当たりした。浅沼はその場で倒れ，その後死亡した。山口の懐には犯行声明文があった。そこには，「汝，浅沼稲次郎は日本赤化をはかっている。自分は汝個人には恨みはないが，社会党の指導的立場にいるものとしての責任と，訪中に際しての暴言と，国会乱入の直接の扇動者としての責任からして，汝を許すことはできない，ここに於いて我，汝に天誅を下す」と書かれていた。その場で取り押さえられ，逮捕された彼は，「後悔はしていない。だがひとりの人命を奪った償いはしなければならない」と語り，翌日東京少年鑑別所内でシーツを裂いたひもで首をつって自殺した。部屋の壁には歯磨き粉を溶いた文字で「七生報国　天皇陛下万歳」と書かれていた。

解説　左翼テロが犯行後，犯人が逃走して引き続きテロを行うというセットアンドラン型の犯行パターンを示すことが多いのに対して，右翼の要人暗殺型のテロリズムでは犯人が自殺する場合が少なくない。

(3) 宗教テロリズム

　宗教テロリズムは宗教的な価値観の違いや宗教間の対立，宗教的価値観と政策の対立などに起因して発生するテロ行為である。比較的強固な宗教的信念が原因となるので，時代に迎合的な宗派よりも，原理主義的な宗派が犯罪主体となることが多い。近年，しばしば話題になるのは，イスラム原理主義のグルー

プが引き起こしているテロで，アメリカに対する9.11テロなどが代表的なものである。

＜ハトシェプスト女王葬祭殿における外国人殺傷事件＞

　1997年11月17日午前9時15分ごろ，エジプト南部の観光地ルクソールのハトシェプスト女王葬祭殿で,「イスラム集団　アブドゥル・ラーマン師の破壊部隊」を名乗るテロリスト集団が，外国人観光客に対して銃を乱射し，刃物で突き刺すなどの大量殺傷行為を行った。殺戮行為は警察官らが現場に到着するまでの約30分間近く続き，葬祭殿前の広場は次々に倒れた観光客で血だらけの修羅場となった。これにより，日本人10人，スイス人43人，イギリス人4人，他3人の計60人，エジプト人のガイドや警察官計3人が殺害され，85人が負傷した。犯行グループは，現地の人びとはほとんど殺害せず外国人のみ選択して殺害した。殺された日本人は旅行会社のツアーに参加した観光客で，4組の新婚夫婦と1組の老夫婦と添乗員11名のグループだったが，新婚夫婦の1名の男性以外，添乗員を含む10名が殺害された。犯人グループは事件前に,「殉教者となった我々の同志の復讐は必ずなされる。イスラムの土地を外国人に汚させることを認めない。外国人がエジプトに来ないよう警告する」などと記したチラシを配付しており，被害者のポケットの中からもこのチラシが発見された。犯人グループは犯行後，タクシーや観光バスを乗っ取って逃走しようとしたが，一部の住民は走るバスを止めようとしがみつき，警官隊と壮絶な銃撃戦を繰り広げた。犯人グループは，最終的にはバスを捨てて走って「王家の谷」方面へ逃げようと試みたが，警官隊に追いつかれ，6人の犯人全員が射殺された。

　解説　この事件は，イスラム原理主義の集団である「イスラム集団」が引き起こしたテロ事件である。アブドゥル・ラーマン師は，1993年のニューヨークの世界貿易センタービル爆破事件，エジプトのムバラク大統領暗殺未遂事件，イスラマバードのエジプト大使館襲撃事件の首謀者としてアメリカで収監中のイスラム集団の精神的指導者である。イスラム原理主義はイスラム教にのっとった社会を作ることを目的としており，異教徒が自分たちの国に来ることや自分たちの文化を汚染することに強く抗議している。

(4) 新興宗教におけるテロ類似行為

　宗教テロ行為はイスラム教やキリスト教などの伝統的な宗教に基づくものではなく，新興宗教に基づくものも少なくない。新興宗教団体は，一般にはテロといわれるが実質的には教祖の個人的な動機などに基づいた大量殺傷事件を引き起こす場合がある。たとえば，オウム真理教による地下鉄サリン事件はなん

らかの社会的な大義のために行ったというよりは，追い詰められた教祖がみずからへの警察捜査を妨害するために引き起こしたというのが真の動機である。

追い詰められた教祖が外部に対して事件を起こすこれらのタイプの事件に対して，教徒を巻き込んで大規模な集団自殺事件や教徒に対する大量殺傷事件を起こす場合もある。代表的な例として，ジム・ジョーンズによる人民寺院の集団自殺事件がある。

＜オウム真理教地下鉄サリン事件＞

●オウム真理教を巡る問題

オウム真理教は麻原彰晃こと松本智津夫の始めたヨーガ道場を中心とする新興宗教団体であった。麻原はみずからを最終解脱して空中浮揚などの超能力を身につけている人物であると主張した。彼は，自分に帰依して修行を続ければ超能力を身につけることができると宣伝し，神秘体験に憧れる若者の興味を引いたほか，「カレー研究会」など若者の興味とマッチした大学サークルを通じて布教を行ったこと，雑誌などに好意的に取り上げられたことなどから全国で急速に信者を増やしていった。

ところが信者が増加してくると他の新興宗教団体でもしばしばみられるようなさまざまな問題が発生してきた。全財産を教団に寄付して出家したものの辞めたいから寄付を返せといってくる信者の問題や出家した信者の家族が教団に家族を返せといってくる問題などである。また，教団に疑問を持つ信者も徐々に現われてきた。さらには各地でオウム真理教の施設に対する反対運動も巻き起こってきた。このような問題に対して，オウム真理教は暴力的な方法で対応するようになっていった。1989年には男性信者殺害事件やオウム被害者弁護団の坂本堤弁護士一家殺害事件を引き起こし，その後もさまざまな凶悪事件を引き起こす。1991年には山梨県上九一色村に広大な土地を取得し，教団の本部を建設，その内部では信者に対する監禁や暴行が行われたほか，化学兵器であるサリンを製造するプラントや銃などの密造を開始した。1994年になると化学兵器を使用してオウム真理教に反対する弁護士やジャーナリスト，被害者の会代表などを次々に襲撃，またオウム関係の裁判が行われることになっていた松本市でサリンを噴霧するという松本サリン事件を引き起こす。この事件では8人が殺害され，重軽傷者は660人にものぼった。松本サリン事件については当初，地元に住む一般の市民が警察に疑われ，犯人扱いされる事態となった。

●地下鉄サリン事件への道

1994年7月，警察はオウム真理教の上九一色村の教団施設周辺からサリンの残留物を発見する。1995年1月1日に読売新聞がこのニュースをスクープする。警察は，3月17日に警視庁機動隊と捜査一課捜査員によるオウム真理教施設に対す

る一斉家宅捜索を行うことに決定した。実行は 3 月 22 日である。もし，この一斉捜索が行われると，オウム真理教が行ってきたさまざまな犯罪が一気に露呈してしまうと，麻原は追いつめられた。

とくに上九一色村の第 7 サティアンという建物には，サリンを製造するプラントまで存在した。麻原は証拠隠滅をはかるとともに，この家宅捜査を妨害するために，ある意味やけくそになって，地下鉄サリン事件を引き起こすことにした。

●地下鉄サリン事件

1995 年 3 月 20 日午前 8 時ごろ，教団の実行部隊のメンバーは，教団内で製造されたサリンをビニール袋に入れて車内に持ち込み，それを傘の尖端で突き破り逃走するという方法で，東京都内の帝都高速度交通営団（現東京メトロ）丸ノ内線，日比谷線で各 2 編成，千代田線で 1 編成，計 5 編成の地下鉄車内で，サリンをまいた。このすべての路線が霞ヶ関を通っているのだが，霞ヶ関は警察庁，警視庁の最寄りの駅であり，午前 8 時はこれらの官庁の職員が最も多く霞ヶ関を利用している時間であった。この結果，乗客，駅員ら 13 人が死亡，負傷者数は約 6300 人となった。サリンはごく少量でも体に付着すると症状が発生するので，捜査・鑑識活動に従事した警察官，救助に当たった消防官，治療を行った医師や看護師などにも被害は及んだ（純度の高いサリンはさらに強力であるのだが，この事件は数日前に発案されて急遽実施されたこともあって実際に使用されたサリンの純度はかなり低いものであった。もし，純度の高いサリンが使用された場合，被害はさらに大きくなったと考えられる）。

事件から 2 日後の 3 月 22 日に，警視庁は予定通りオウム真理教に対する強制捜査を実施した。機動隊の舞台は，サリンガスなどの噴霧を警戒して，鳥かごにいれた鳥（化学物質に敏感に反応する）を持ちながら，オウムの施設に突入した。その結果，事件に関与した教団の幹部クラスの信者が次々に逮捕され，その中の一人である医師の林郁夫の自供がきっかけとなって全容が明らかになった。麻原は教団施設内に潜んでいたが，5 月 16 日に事件の首謀者として逮捕された。最終的に地下鉄サリン事件の逮捕者は 40 人近くにもなった。

裁判所は，首謀者の麻原彰晃をはじめ，林郁夫を除く散布実行犯全員に死刑を言い渡した。

解説 この事件は，テロといわれることが多いが，実際にはこの事件を起こしてなんらかの社会改革を行おうという「大義」はなく，教祖が追い詰められたなかで，やけくそで起こした事件である。そのため，犯行形態としてはテロでなくむしろ，大量殺人に近いものである。有名なジャーナリストである佐木隆三は，この事実を鋭く見抜き，オウム事件のドキュメンタリーに『大義なきテロリスト』というタイトルをつけている。

＜新興宗教によるサラダバー毒素まき散らし事件＞

● ラジニーシという宗教団体

アメリカオレゴン州ワスコ郡で起きた生物テロ事件。インド発祥の新興宗教集団ラジニーシ（Rajneeshees）によって，サルモネラ菌が町の飲食店のサラダバーなどにばらまかれ，751名以上が体調不良にいたった事件。

ラジニーシは，1960年代にバグワン・シュリ・ラジニーシ（Bhagwan Shree Rajneesh）によって作られたカルト集団であり，1970年代には欧米で多数の信者を獲得した。新興宗教団体によくあるパターンであるが，この集団も信者による共同体コミューンを形成している。コミューンは，当初，インドのプネーに作られていたが，悪評がたったことからアメリカのオレゴン州ワスコ郡ダレスに広大な土地を購入して移住した。

● 町を乗っ取る策略

ラジニーシはみずからのコミュニティに下水道を引き，飛行場を作った。彼らはコミュニティをさらに自分たちが暮らしやすい町にしていこうと考えたが，一つの大きな障壁があった。それは郡の都市計画や土地利用規約の存在であった。これらのために彼らは自由に町を作り出すことができなかったのだ。そこで，彼らは，すでにある町自体を乗っ取ることを考えたのである。

当時コミューンには4000人あまりの信者がいたが，米国市民ではなかったため，選挙で議会に議員を送り込み合法的に町を乗っ取るのは難しかった。そこで彼らは次の方法をとろうと考えた。まず，ホームレス救済運動を行い，ホームレスを信者にして選挙の組織票を増やす。そして選挙期日に，生物テロにより市民を病に陥らせ，投票率を下げ，みずからの組織の票の相対的な影響力を高め，議会にみずからの息のかかった議員を送り込み町を乗っ取るという方法である。

● サルモネラ菌散布作戦

ラジニーシは，まずそもそも生物テロによって多くの人を病気にして投票率を下げるなどということができるのかを実験することにした。まず，シアトルの医療会社からサルモネラ菌を購入し，みずからのコミューン内の研究所でそれを培養した。この「生物兵器」を用いた住民に対する「実験」はさまざまな形で行われた。最初は，敵対しているワスコ郡の監督官が定期訪問に訪れた際，水にサルモネラ菌を垂らして出した。訪問した2名ともが具合を悪くし，うち1名は入院にいたった。

最も大きなインパクトを与えたのは，その後1984年8月～9月に実施された，ダレスのレストラン10店舗のサラダバーにサルモネラ菌をまいた事件である。実行は複数名によって行われた。犯人の一人は，のちに以下のように供述している。「計画の主導者から，筒状のガラス瓶を渡された。中にはほとんど透明に近い茶色のサルチネラ菌を含んだ溶液が入っており，ダレスのレストランのサラダバーにこの溶液をまくように指示された。その後，宿屋のレストランに行ったがランチ時を過ぎ，サラダバーが終わっていたので，ドレッシングに混入した」。また別の実行犯はこ

う語っている。「主導者の命令により，普段教団で着用する長い衣類から，普通の服に着替えた。5～6個のサルモネラ菌が入っているとされているガラス瓶を渡され，メンバーと二人組で車でダレスのレストランに向かった。2店舗でコーヒークリームに溶液を混入し，1店舗でブルーチーズドレッシングに混入した。」

彼らは，これ以外にも，スーパーのレタスにサルモネラ菌をふりかけたり，政治集会で自分の手にサルモネラ菌の溶液を塗り，たくさんの人と握手する作戦を行ったり，裁判所のトイレのドアノブにサルモネラ菌溶液を塗ったり，そして，サルモネラ菌と下水，ネズミの死骸を上水道に混入する作戦などを行った。

● サルモネラ菌散布の発覚と終結

1984年9月，ワスコ・シャーマン郡保健局は，普段考えられないほどのサルモネラ菌による食中毒の患者が自分たちの町で発生していることに気づいた。

とくに9月24日には，食中毒の報告が相次ぎ，27日までの間に200人以上が食中毒となった。これはオレゴン州史上最大の食中毒事件であった。その後もしばらく報告は続き，最終的に45名が入院，特定できるだけでも751名の地元民が体調不良を起こしていた。実際には，州外からの旅行客も被害にあっていることが推測されるため，被害者は751名を上回ると推測される。

サルモネラ菌による生物テロの実験は一見うまくいくように思われたので，彼らはもう一つの計画であるホームレスを信者にする計画に取りかかった。ただ，この計画はやってみるときわめて困難であった。ホームレスの多くは身体障害者でその世話が大変だったのである。そのため，教団はこちらの計画にかかりきりになり，生物テロ作戦は下火になった。その後，教団はこのホームレス計画もあきらめ，合法的に議会を乗っ取るという作戦を放棄した。その代わりに彼らがとったのは，敵対者を個別に殺害するテロである。とくに教団に敵対する弁護士チャールズターナー（Charles H. Turner）殺害計画は，きわどいところで警察によって阻止された。

解説 この事件とオウム真理教事件の共通点はじつに多い。日本ではこの事件はほとんど知られていないが，この種の宗教団体の一つの危険な行動パターンとして類型化できるかもしれない。この事件もテロとして論じられることがあるが，彼らの目的は宗教的な大義そのものではなく，町の乗っ取りという目的であるためテロというよりは通常の大量殺傷（未遂）犯罪といえるであろう。従来のテロ組織は，銃などの通常兵器の使用の後に生物化学テロを試みるのに対して，比較的早い段階から生物兵器の利用を考え実行したという点では興味深い。

＜ブランチ・ダビディアン事件（ウェイコ事件）＞

アメリカテキサス州ウェイコで発生した新興宗教団体ブランチ・ダビディアン（Brunch Davidian）による立てこもり事件。ブランチ・ダビディアンはもともとは，

比較的穏健で小規模な宗教団体であったが，バーノン・ハウエルが後継者になると，急激に急進化した。ハウエルはみずからをユダヤの英雄にちなんだ，デビッド・コレシュ（David Koresh）と改名するとともに，カルト的な終末思想とみずからが唯一の救世主であり，終末戦争後，ブランチ・ダビディアンの教徒だけが選ばれし民として生き残るという思想を広めた。彼は，最終戦争に際してはバビロニア人の軍隊が，ブランチ・ダビディアンを襲いに来るため，それと戦うためにみずからが武装する必要があると考え，大量の武器と弾薬を集めた。

　この状況をかぎつけたATF（アルコール・たばこ・武器取締局）はついに1993年2月28日，武器の不法所持の容疑でブランチ・ダビディアンの本部に対して強制捜査にとりかかった。ところがATFの捜査員が突入を図ったところ壮絶な撃ち合いになり，連邦捜査官4名が射殺され，膠着状態になった。この後，警察の部隊とブランチ・ダビディアンのにらみ合いが続くことになる。この間，コレシュはテレビの取材になどに応じたものの，武器とともに食料品も備蓄していた彼らは，まったく，投降の気配を見せなかった。4月19日，捜査の指揮権を委譲されたFBIは装甲車やヘリコプターを含む大量の部隊で再度の突入を図った。そのさなか，ブランチ・ダビディアンの本部から火の手が上がり，信者がまったく脱出しないまま本部は火に包まれ，火薬に引火して大爆発を起こしてしまった。最終的にはコレシュを含む81名が死亡した。このうち25名は子どもであった。

解説　この事件については，議論はあるものの，追いつめられた教祖が教徒とともに集団自殺として自爆したという説が主流である。ATF，FBIの突入の様子は全米に中継されアメリカ社会に大きな影響を与えた。事実，のちのオクラホマシティ連邦政府ビル爆破事件はこの事件が重要なきっかけとなっている。

(5) 個人的思想に基づくテロ行為（ローンウルフ型テロリズム）

　従来，テロはある社会思想，宗教思想を持った団体がその大義を実現するために行う行為であった。社会にプロテストしようとする場合には，まず同じ思想を持った人びとが集まり，集団で理想を実現しようと考えるのが普通であったからである。また，反社会的なテロを行うのはある意味，みずからの大義を実現するためにやむをえず行うものであった。ところが近年のテロでは，この集団化のプロセスを経ないで個人が政府や企業などに対して直接テロ行為を行うケースが出てきている。たとえば，オクラホマの連邦政府ビル爆破事件の犯人は，アメリカの銃規制に反対する立場から，ほとんど一人で（実行には共犯がいる）犯罪を実行している。このタイプのテロは，テロ以外の犯罪との区別

もあまり明確ではない。旧来型の集団によるテロは既成の暴力的テロ集団が実行するため，警察や公安関係の組織が情報収集し，あらかじめ犯行を予測することができたが，個人テロの場合，なんの前触れもなく突発的に発生するために犯行予測はより困難である。

<ティモシー・マクベイによるテロ事件>

　　ティモシー・マクベイは，1995年4月19日，オクラホマ州オクラホマシティにあるオクラホマシティ連邦政府合同庁舎ビル（アルフレッド・P・ミュラー連邦ビル）前に停止させた自動車に満載された爆薬を爆破させ，ビルの大半を崩落させ，167名を死亡させ，850名以上を負傷者させたテロリストである。
　　彼は右翼的な思想を持った陸軍の軍人であった。湾岸戦争にも従軍しており，とくに射撃の腕はすばらしかった。彼はアメリカ国民が銃で武装する権利についてとくに強い意見を持っており，銃規制運動には反対であった。彼は特殊部隊であるグリーンベレーの訓練で挫折したことがきっかけで軍隊を辞め，生まれ故郷ペンドルトンの近くで警備員の仕事に就いた。この当時，民兵組織など右翼団体と交流しているが，みずからはそれらの運動に積極的に参加することはなかった。彼がテロを引き起こした一つのきっかけは，ウェイコ事件である。これは武装する宗教団体であるブランチ・デビディアンが連邦警察（ATF）の手入れを受け，立てこもり状況になった後，教祖と教徒が集団で自殺した事件である。この事件をテレビ中継で見たマクベイは政府がついに銃規制に本格的に乗り出したのだと考え，大きな怒りを感じたのである。もう一つのきっかけは，アメリカの銃規制法である「ブレイディ法」の成立である。マクベイは，「アメリカが『コーヘン法』により極度の銃規制社会になり荒廃し，それに抗議して主人公がFBI本部を爆破する」という内容が書かれた『ターナー・ダイアリーズ』という出版物を読み共感を覚えていた。彼にとって，「ブレイディ法」は小説における「コーヘン法」が現実化するものだと考えたのである。マクベイは連邦政府のこのような行動に対してみずからの力で実力によって抗議しなければならないと考えた。彼は共犯者のテリー・ニコルズとともに，自動車爆弾を作成し，ウェイコ事件のちょうど2年後の同月同日同時刻にオクラホマの連邦政府ビル（ここにはATFが入居していた）を爆破した。捜査当局は当初，イスラム過激派かネオナチの仕業だと考えていた。しかし，彼が自動車をレンタルした際の似顔絵がもとになって検挙された。1995年8月10日，マクベイは11の連邦法違反と8の第一級殺人罪により起訴され，同年10月20日連邦裁判所は死刑判決を下し，2001年に死刑が執行された。

　　解説　この事件は，ビルを崩壊させるほどの大規模な爆発物テロが，従来のようなテロ集団でなく個人で行われたという点で国内外に大きな衝撃を与えた。

(6) エコテロリズム

エコテロリズムは，エコロジー思想に基づいた社会運動グループによるラディカルなエコロジー運動をさす。ラディカルなエコロジー運動は，グリーンピースという団体から始まったが，現在，エコテロリズム活動の中心となっているのは，過激な思想のためにグリーンピースを飛び出したメンバーが多い。エコテロリズムの基本は自然保護とくに動物保護で，そのため，テロリズムの対象は，動物実験を行っている製薬会社や大学医学部などになり，これらの組織に対する脅迫や爆破などを行っている。日本にとって重要なエコテロリスト団体としては，捕鯨反対運動を行い，日本の捕鯨活動に対してテロ行為を繰り返しているシーシェパードがある。

＜シーシェパード＞

シーシェパード（Sea Shepherd Conservation Society）は，環境保護団体グリーンピース出身のカナダ人，ポール・ワトソン（Paul Franklin Watson）が主催する反捕鯨のエコテロリズム団体である。その活動は過激であり，当初は，アイスランドやノルウェーの捕鯨船を体当たりで沈没させるなど過激な行動を行っていたが，2005年からは南極海での日本の調査捕鯨を妨害する活動を行っている。調査捕鯨に対する妨害の方法は，酪酸を入れた瓶を捕鯨船に投げつける，捕鯨船への体当たり攻撃，発煙筒と落下傘信号弾の発射，レーザー光線の船員への照射，スクリューを絡ませるための網の投入など多岐にわたる。2009年～2010年にかけて行われたワルチング・マチルダ作戦（Operation Waltzing Matilda）においては，高速船アディギル号で捕鯨船への体当たり攻撃を行った。

解説 シーシェパードは海外の著名人から多くの活動資金を得ており，ハリウッドの俳優にも支持者は多い。この理由の一つは，巧みな広報戦術にある。インターネットを使った広報はみずからの違法行為については一切触れず，日本の捕鯨活動についての誹謗中傷記事で満ちあふれている。またこの活動の参加者が，動物たちの権利を守る正義の味方として，かっこよく描かれている。知らない人が見れば，ぜひ自分も参加したいと思うほどである。さらに，シーシェパードは，ケーブルテレビのアニマルプラネットのスタッフをみずからの船に同乗させて番組を作成している。この番組は，アニマルプラネットの看板番組の一つとなっているほどである（もちろん日本では放映されていない）。このように現代のテロにおいてはネットやケーブルテレビはきわめて強力な武器になるということをよく理解している先進的な団体であるということもでき

る。

> **コラム**
>
> ### なぜテロに屈してはいけないのか
>
> 　アメリカをはじめ多くの国々のテロに対する共通の対応策は「テロには屈しない」。つまり、テロリストの脅迫に屈して、その要求をのむことは決してないということである。では、なぜ、テロリストの要求に屈さないのであろうか。それは彼らの要求に一度でも屈してしまうと、テロ集団にとってテロ行動が「強化」されてしまうので、その事件自体は無事に解決しても、その後、同様のテロ事態が増加してしまう可能性があるからである。そのため、場合によっては人質を見捨てることになっても、多くの国々はテロリストの要求を断固として拒否するのである。これによってテロ行動を「消去」しようとするわけである。もちろん、人質救出のための軍事作戦やテロリスト殲滅作戦はこれとは同時に進めていくのが普通である。
>
> 　ところが日本政府はこのあたりのポリシーが確立しておらず対応がうまくないことが多い。たとえば、日本赤軍が人質をとって獄中の同志の釈放を要求したダッカ日航機ハイジャック事件・クアラルンプール事件において、日本政府は獄中のテロリスト11人を超法規的措置によって釈放した。この事件では、時の内閣総理大臣・福田赳夫が「人命は地球より重い」と述べたが、この釈放によってその後のテロ（ハイジャックなど）は増加するということまでは十分に考えていなかった。また、最近では、エコテロリストであるシーシェパードの捕鯨妨害活動に屈して、民主党政権は2011年シーズンの調査捕鯨活動を中止したが、これもテロに屈した誤った判断だといえるだろう。政府がテロに屈するとその国家や国民はテロの標的にされやすくなるため、その事件は解決してもその後の国民の安全は危機にさらされることになる。

3　テロの動向

　近年のテロの動向としては、(1) 共産主義の実現をめざす左翼テロとそれを防ごうとする防共（共産主義からの防衛）的な右翼テロのような政治テロが少なくなり、宗教テロや民族主義テロが増加している。(2) 社会体制自体を変革しようとするスケールの大きな目的でなく、捕鯨反対、中絶反対などの個別的な問題についてのテロが増加している。(3) テロの主体がテロ集団だけでな

く個人によるテロも発生するようになってきている。(4) テロ集団の思想の広報や犯行声明，メンバーのリクルートなどにおいてインターネットなどのソーシャルネットワークが使用されるようになってきている，などがある。

テロリズムのまとめと設問

キーワード　政治テロ，左翼テロ，右翼テロ，民族主義テロ，宗教テロ，原理主義テロ，新興宗教テロ，集団自殺，個人的思想に基づくテロ，ローンウルフ型テロリズム，エコテロリズム

設問
1) テロ行動を分類し，それぞれ具体例をあげて分析しなさい。
2) 近年のテロ行動の特徴について具体例をあげながら論じなさい。
3) テロ事件を一つ取り上げてその背景とテロリストの行動について論評しなさい。

第5章 子どもに対する性犯罪

1 子どもに対する性犯罪の定義と現状

　子どもに対する性犯罪とは子ども（子どもとはここでは，幼児から中学生までをおもにさすことにする）を対象として強制わいせつ，レイプ，性器の露出等の行為を行うことである。また，子どもの監禁事件，連れ去り事件は，そのほとんどが性的な目的によるものであるので，これに含めることにする（そのほか，子どもに売春をさせたり，ポルノの被写体にするなどの風俗犯があるがここでは論じない）。性犯罪は警察や行政機関に通報されることが少なく，それゆえ，実際の犯罪発生数を明らかにすることは困難である。公的に明らかにされない犯罪数を暗数という。暗数を明らかにするための一つの方法は，一般の学生や市民を対象としての被害者調査であるが，その結果を見ると警察認知件数よりもはるかに多くの犯罪が発生していることがわかる。とくに日本においては，電車内での強制わいせつ行為，いわゆる痴漢が頻発しており，都市部の女子中高生においては相当の被害率である。痴漢を除いた子どもに対する性犯罪の多くは，夏休みや春休みになどの休暇期間中に発生することが多く，発生時間は午後3時から7時に集中している。犯人のほぼすべては男性であるが，被害者は女児の場合のみでなく，男児の場合もある。比率は明確でないが被害児童の約2割が男児だと思われる。

＜新潟県村上市の女子中学生連れ回し事件＞

　2003年9月2日夕，新潟県在住の無職N（26歳）は，以前から見かけて気に入っていた新潟県村上市の中学校2年生の女子を下校途中後ろから軽自動車ではねて気絶させ，車に押し込んだ。その後，車内でナイフを突き付け，両手・両足もひもで縛り，目隠しをして，山形，宮城，福島県内を連れ回したうえ，4日にはカーフェリーで佐渡島にある自宅の町営住宅に連れ帰った。Nは，車の後部座席の窓ガラスを黒く塗り，外から見えないようにしてあったほか，自宅の四畳半の自室の窓を内側からベニヤ板でふさぎ，外出する際には女子生徒を部屋に閉じ込めて外から鍵をかけていた。同居する父親には，「友達」と紹介し，父親が警察に通報する13日まで女子生徒を自宅に閉じ込めていた。Nは，何回も村上市に車で通い，その少女に目をつけていたという。また，事件のきっかけとなったのは東京都渋谷区で発生した女子児童4名が男に監禁された事件で，この事件を知って，自分も少女と一緒に暮らそうと思ったのが動機だという。

　解説　少女連れ去り監禁事件の多くは，車で数時間程度連れ去るものが多いが，この事件ではあらかじめ周到な計画を立て，下見までして行われている点で悪質で危険な事件であった。

＜多摩地区ほか少女対象広域レイプ事件＞

　2010年6月27日，帰宅途中の東京都八王子市の女性（19歳）をレイプ目的で尾行し，女性の自宅アパート敷地内に侵入したところを警視庁南大沢警察署に検挙されたのが小学校教諭のO容疑者（30歳）であった。ところが彼のDNA型を調べてみると，付近の田無署や小平署管内で発生していた少女レイプ事件の遺留物のDNAと一致していたところから，警視庁捜査一課は，連続レイプ事件の犯人としてもOを取り調べた。その結果，大塚は多摩地区のほか文京区，中野区，足立区で小学生から大学生まで，判明しただけで15件の連続レイプ事件の犯人であることがわかった。大塚の手口は，少女を見つけると後をつけて自宅を確かめ，電話をかけて家人の不在を確認したうえで待ち伏せして，夕方，学校から帰宅した少女が玄関の鍵を開けたところで，後ろから家の中に押し入り，「おとなしくしていれば殺さない」などと脅迫し，性的暴行を加えたなどの悪質なものであった。
　この連続レイプ事件は広域で発生したものであったが，Oは，東京都千代田区内に居住しているときには付近の文京区で，国分寺に居住しているときには，多摩地区など自分の職場や自宅の付近を中心に犯罪を繰り返していたのであり，犯行のために長距離を移動したわけではなかった。

　解説　自宅に侵入するタイプの悪質な性犯罪者である。また，この種の犯人は自宅の周辺で行動することが多いが，転勤などが生じると見かけ上，大変広範

囲の事件となってしまい、リンク分析が困難になる。

2 子どもに対する性犯罪者の特徴

　子どもに対する性犯罪者については「ダーティー・オールドマン」というイメージがある。これは、汚い格好をした中年以上の人が犯人であるというイメージである。しかしながら、実際の犯人はこのようなイメージに当てはまらない。たとえば、子どもに対する監禁、強制わいせつを行った犯人の約75％は10代～30代までの犯人であり、50代以上の犯人はわずかしかいない。また、犯人の多くは配偶者か家族と同居しており、学生であるか、定職に就いている場合が多い。犯行の手口としては、子どもを言葉で誘導して人目のない場所に連れ込んでわいせつ行為を行う「言葉による誘惑型」と、時間をかけて子どもと仲良くなり自宅などに連れ込んでわいせつ行為を行う「仲良し型」、凶器を用いたり、力で強引に連れ込む「行きずり型」、子どもの家に押し入る「侵入型」などがある。犯人の中には子どもの心をつかむことがうまく、子ども文化を熟知している者もいる。以前は、子どもに対する性犯罪のほとんどが単独犯だったが、近年はインターネットの発達によって同じ性的な嗜好を持つ犯人が集まって共犯で事件を起こす場合もある。

＜仙台女児連続レイプ事件＞

　仙台市で1999年から2000年にかけて発生した「わが国の性犯罪史上、類がない卑劣な犯行」とされた女児対象の連続レイプ事件。犯人はT（26歳）。被害者は100名以上と考えられる。犯人の家の家宅捜索で45人の女児への犯行をビデオに撮影していたものも発見された。このうち11件の強姦致傷、強姦未遂、強制わいせつ事件で起訴され、2004年に最高裁判所で無期懲役が確定した。死者がいない性犯罪で無期懲役刑となるのはきわめて珍しいが、それだけこの犯罪が悪質で多くの被害者に大きな傷を残したことを示している。犯人が職務質問され緊急逮捕される一部始終が取材中のテレビ局スタッフによって撮影された。

　解説　この事件では、実際に彼が起こした事件の一部しか起訴されていない。それは強姦事件が親告罪のためである。性犯罪は裁判になれば被害者にも大きな負担と心の傷を残すので、告訴しない被害者が続出する場合が少なくない。被害者のプライバシーや心のケアを充実させたうえで親告罪でなくすべきであ

ると考える専門家も少なくない。

＜大阪連続女児レイプ事件＞

　2012年から2013年にかけて大阪府門真市周辺において，小学校高学年から中学生の女子3名を強姦したとして検挙されたのが無職のW（41歳）である。彼は，女子中学生が帰宅時，鍵の閉まっていないドアを開けて「ただいま」といった場合には家に家族がいる，自分で鍵を開けてなにもいわないで入った場合には一人であると考えた。そして，街で被害者を物色して後をつけ，なにもいわないで家に入った中学生を見つけると，家のベルを鳴らして「トイレを貸してほしい」といって玄関に入り込み「騒ぐな殺すぞ」といって少女をレイプし，さらには裸の写真を撮って「誰かにいったら写真をばらまく」といって脅迫した。彼は，この手口で3名の児童（うち1名は小学生でこの小学生は途中で逃げ出すことに成功した）を襲った。

　解説　宅配便や配達などを装って子どもが留守番している家に入り込むタイプの性犯罪は，以前から存在するが，このケースもそのバリエーションの一つである。子どもに対する性犯罪は室外で行われる場合が多いが，家の中などの室内で行われる場合，レイプ事件に発展する可能性があり危険である。子どもに対するレイプ事件を防ぐためには犯人を室内に入れない方法を考える必要がある。また，自宅で襲われた場合，被害者の精神的なショックは大きくなることが多い。

3　子どもに対する性犯罪者の分類

　子どもに対する性犯罪もその動機や犯人の行動パターンにはさまざまなものがある。そのため，犯人を分類してタイプごとに検討していくことが必要である。子どもの性犯罪者についての分類にはさまざまなものがあるが，代表的な分類として，マサチューセッツ治療センター分類がある。これは子どもに対する性犯罪者を以下の四つに分類するものである。

（1）固執型ペドフィリア

　固執型ペドフィリアは社会的に未成熟で，臆病で，無抵抗であり，成人の男性女性と関係を構築するのが苦手である。ほとんどが独身であり，デートする相手もいない。平均的な知能を持っており，安定した職業に就いていることが

多い。子どもとの間には人間関係を築くことができ，子どもと接するときが最もリラックスできる状態である。子どもを触り，愛撫することをのぞんでいるが，性交までは求めないことが多い。面識のある子どもを対象とし，身体的な強制力や暴力は用いない。再犯可能性は最も高い。

(2) 退行型ペドフィリア

退行型ペドフィリアは正常な生育歴を持ち，異性とも交際した経験があり，交際することも可能であるが，なんらかの理由により男性としての自尊心が傷つけられたり，自信喪失を体験している。また，性的な問題も抱えていることが多い。このような状態で自信を回復するために子どもを襲うのだと考えられる。通常，面識がなく，自宅から比較的離れたところに住む子どもを狙う。被害児童はほとんどが女児で，性交まで求める場合が少なくない。

(3) 搾取型ペドフィリア

搾取型ペドフィリアは反社会性人格を持つもので，衝動的で気が短く，周囲からは避けられているような人物である。さまざまな人格的な問題点を持つために人間関係を形成し維持することが困難である。このようなタイプがみずからの性的な欲求を果たすために子どもを求める。犯人はありとあらゆる方法で子どもを拉致し犯行に及ぼうとする。場合によっては身体的な暴力もふるう。子ども自身を単なる性的な対象として見ている。

(4) サディスティック型ペドフィリア

サディスティック型のペドフィリアも反社会性人格を持つ。彼の目的は性的なものと攻撃的なものであり，相手を攻撃し痛めつけることによってみずからが快感を感じる。被害者はほぼ確実に危害が加えられ，場合によっては殺害される。被害児童は男児であることが多い（つまり同性愛的なペドフィリアである）。このタイプは数は少ないがきわめて危険で，治療困難である。

＜奈良小1女児殺害事件＞ ....

2004年11月17日，奈良市に住む小学1年生の女児が学校帰りに行方不明と

なった。家族は警察に連絡したが，夜になって女児の携帯電話から母親に犯人からの女児の写真付きのメールが送られてきた。警察は誘拐事件として捜査したが，翌日女児の遺体が発見された。遺体には何か所もの擦り傷があり，また，歯も抜かれていた。12月になると犯人は「次は妹だ」というメールを送りつけてきた。警察は女児の携帯電話の送信記録をチェックしたところ，犯人が女児の携帯電話から自分の携帯電話にデータを送信していたことが判明し，これがもとで新聞配達店勤務の男が検挙された。犯人のK（36歳）は，20歳の時に幼稚園児8人に対する強制わいせつ事件で執行猶予付きの判決を受け，その後も5歳の幼児にわいせつ行為をして検挙されていた。出所後も小学校1年生の女児にわいせつ行為を行い起訴されていた。今回の事件の被害者はわいせつ目的で自宅に連れ込んだが，騒がれたため浴槽に沈めて殺害したことがわかった。彼は殺害後に，遺体を意図的に傷つけたり，歯を抜いたりしていた（彼は裁判で，オーラルセックス目的で，フォークを使用して歯を11本抜いたと供述している）。公判中はまったく反省の態度は見せず，「反省の気持ちも更生する自信もない。早く死刑判決を受け，第2の宮崎勤か宅間守として世間に名を残したい」と述べた。精神鑑定ではペドフィリアと診断された。第1審で死刑になったがこのときガッツポーズをした。弁護士は控訴したが本人が控訴を取り下げ，死刑が確定した。

解説 出所後すぐに同様の犯行を繰り返すタイプの性犯罪者であり，刑務所における矯正教育の実効性について社会的に大きな関心が集まった。この事件などをきっかけとして，日本の刑務所においても性犯罪者に特化した処遇が試みられるようになった。

4 子どもに対する性犯罪の原因

子どもに対する性犯罪者がなぜ子どもを性的な対象とするのかについては，ほとんどわかっていない。この問題について，提案されている仮説は一つは，学習理論に基づくものである。この理論では，幼児期において、子ども同士の偶発的な性的な接触によって，子どもという刺激と性的な快感が古典的に条件づけられてしまい，これが，性的空想やマスターベーションによって反復強化された結果，子どもに対する性的嗜好が形成されてしまったのだと考える。また，精神分析理論では，何らかの理由によって心理的な発達が阻害され，退行を引き起こした結果，自らの劣等感を補償し，優越感や支配感を得るために子どもを性的な対象とするようになるといった考えが提案されている。

5 子どもに対する性犯罪者の矯正手法

　子どもに対する性犯罪者の中には，再犯を繰り返すものがいる。また，子どもに対して特化した性欲を持っており出所後，再犯を繰り返してしまうのではないかと不安を持っている受刑者もいる。このような者に対して，さまざまな矯正教育の試みが行われてきた（ただし，日本では性犯罪者に特化した対策はほとんど行われていなかった）。はじめに用いられた方法は子どもに対する性欲を消去しようとするもので，原理的には，主として行動療法に基づくものであった。しかしながらこれらの方法はあまりうまくいかなかった。現在では，性犯罪者の偏った認知（子どもも性行為を望んでいる，強引な性行為でも快感を感じるなど）を修正することを目標とする認知行動療法や，自分が性犯罪を起こす道筋を理解してそれを起こさないような対処行動をトレーニングしていくリラプスプリベンションなどの方法が行われ，効果を上げている。

6 子どもに対する性犯罪者からの防犯

　子どもに対する性犯罪の矯正がなかなか困難であったことから，防犯のためのさまざまな試みが行われた。防犯の方法としては，子どもの側に介入する方法と環境に介入する方法，そして行政や立法などによる社会的な防犯手法がある。

(1) 子どもの側に介入する方法

　子どもの側に介入する方法としては，「知らない人について行かないように」などの防犯ルールを教育する方法や，防犯ベルを持たせたり護身術を学ばせたりする方法などがある。しかし，犯人は巧妙な方法をとることが多かったり，力の圧倒的な差を用いて行きずり型に犯行を行うことがあるので，これらの方法には大きな限界がある。とくに「怪しい人」に気をつけろといったルールは，実際の性犯罪者がけっして「怪しい」外見をしていないことや，障害者や外国人などの社会的マイノリティに対する偏見を助長する可能性があるということ

から，逆効果である可能性さえある。

　そこで，最近注目されているのは犯罪が起こる環境に焦点を当てた対策である。犯罪を引き起こす人は外見から明らかにならないのに対して，犯罪が発生する場所については識別ができるからである。犯罪社会学者の小宮信夫氏は，子どもにレクチャーや実地調査によってこのような危険な場所を識別するためのトレーニングを行う「地域安全マップ」という防犯運動を考案している。これは，子どもに「はいりやすく，見えにくい」場所が危険な場所だということを教え，町でフィールドワークをしてそのような地点を子どもたち自身の力で見つけ，それをグループごとにマップ上に表現して発表させ知識を定着させるという方法である。

(2) 環境に対する介入

　子どもに対する性犯罪が発生する場所には二つの大きな特徴がある。一つは「人目のないところ」であり，もう一つは「管理されていないところ」である。管理されていないというのは，ゴミが放置されていたり，落書きがされたりしている場所で，だれもその場所を責任もって管理していないように見える場所である。人目がない場所で事件が発生するのは犯人が発見，検挙されることを最も恐れるからであるが，管理されていない場所も同様である。管理されていない場所はまさに「その場所で起きていることについて誰もが無関心」ということを表示しているからである。

　そこで，子どもへの性犯罪を防ぐためには町に「人目を作ること」，「管理された状態にすること」が重要である。前者の対策としてPTAや地域住民による見回り運動が，後者の対策としては落書きを消して町をきれいにする運動や公園の雑草などを刈ったりゴミを片付けたりするなどがある。また，防犯ベルを子どもに持たせるだけでなく，防犯ベルを持っていることを示すステッカーをランドセルに貼るなどの対策も「この町は子どもたちをしっかり管理し，見守っているのだ」というメッセージを犯人に伝え，犯罪を防ぐ役割を持っている。

＜唾くれおじさんの検挙＞

　子どもに対する性犯罪に暗数が多い理由の一つは，性犯罪の被害に遭っていることを子ども自身が気づかない場合があるというからである。もちろん，レイプや強制わいせつ事件においては小学校程度の年齢になれば，被害児童は自分が遭っているのは性被害であると気づく場合があるが，この判断が微妙なケースが少なくない。たとえば，2011年に警察庁生活安全総務課の「子ども・女性安全対策室」（愛称・さくらポリス）は無職Ｍ（55歳）を，当時小学校5年生で10歳だった女児に,「唾の研究をしているから，唾をくれないか」などと声をかけ，フィルムケースに唾を吐き出させ，ビデオカメラで撮影した容疑で検挙した（東京都迷惑防止条例違反・常習卑わい行為）。Ｍの家からは，9～10歳を中心とした女児約200人分の口の中や唾を出す姿を映したビデオテープやフィルムケースが押収され，本人も17年間に4000人くらいに声をかけたと自供している。

> **解説**　これは性的な目的の犯罪であると思われるが，子どもには犯罪の被害認識があるかが微妙である。また,「虫をとってあげる」といって衣服の上から胸を触る犯罪もしばしば発生している。たとえば，2011年8月に群馬県の温泉で，小学校教師の男性（51歳）が風呂から出た小学校1年生の少女に「虫がついているからとってあげる」といって下着などに触り検挙されているが，この犯罪なども子どもは犯罪と認識しない場合がある。これらの事件は容易に暗数化するし，そのために検挙も困難となる。

＜格闘技教室を偽装した子どもに対する性犯罪＞

　柔道教室経営会社役員Ｓ（46歳）は，自分は国士舘大学卒業で，柔道6段だとウソをつき，段位証書を偽造したうえで柔道場を開いた。実際には本人は柔道はできず，生徒には受け身のみをDVDから得た知識のみで教えていた。Ｓは，経営する「おおじま道場」恒例の「お泊まり稽古」というイベントで，道場に宿泊した小学校低学年と幼稚園の男児のズボンを脱がせて尻を撮影した。男児らは熟睡していて気づかなかった。Ｓは「新しい下着に着替えさせただけ。親から説明を求められると困るので撮影した」とわいせつ目的ではなかったと主張し，容疑を否認した。警視庁捜査一課による家宅捜索では，Ｓ容疑者の自室から男女児童の裸の写真が多数見つかった。Ｓ容疑者については，数年前から「子どもが体をベタベタと触られる」,「子どもに対して変な趣味があるんじゃないか」などと，うわさされていた。

> **解説**　子どもに対する性犯罪の被害者が，被害の認識がないというケースは少なくない。とくに同性間の性的行為は子どもにとってそれが性的な被害だと認識しにくいこともあって，非常に発覚しにくく，暗数化しやすい。犯罪がスポーツ指導や学校教育を装って巧妙に行われる場合にはさらに発見や検挙が困難で

ある。

(3) 社会的な防犯手法

アメリカでは，子どもに対する性犯罪累犯者の住所や氏名，顔写真や車のナンバーなどの情報を開示するという制度が実施されている。たとえば，メーガン法では，性犯罪者を三つのグレードに区分けし，最も危険性の高い性犯罪者の情報はインターネットなどを通じて公開されている。また，仮釈放された性犯罪者などに対して電子装置やGPS監視装置をつけて，その所在をモニタリングする電子監視という方法を導入している国も多い。また，アメリカでは1998年に子どもに対する性犯罪者に去勢を認める法案がカリフォルニア州で認められ，現在テキサス州やルイジアナ州なども加え合計9つの州で本人の意思（去勢するか長期の懲役刑になるかが選択される）や強制（とくに再犯の場合）によって去勢が行われている。去勢の方法としては化学的去勢と外科的去勢の両方が行われている。ただし，去勢に再犯防止効果があるのかについては議論がある。

＜メーガン事件とメーガン法の成立＞

1994年，ニュージャージー州ハミルトンの自宅からメーガン・カンカちゃん（7歳）が行方不明になった。遊びに行ったまま戻ってこなかったのである。母親のモーリンはすぐに警察に連絡し，警察や近所の住民が手分けして彼女を探した。一方，警察はメーガン家の隣に住む，ジミー・ティメンディカスという男に疑いを持っていた。彼は33歳で，3人の男性と一緒に住んでいて，カンカちゃんの捜索にも加わっていたのだが，警察が話を聞こうとすると，様子がおかしく，説明が一貫しなかったのである。警察が彼を尋問すると，彼はカンカちゃんをレイプして殺害したことを自供し始めた。彼は「子犬を見せてあげる」といってカンカちゃんを自宅に連れ込んだうえ，レイプして革のベルトで首を絞め，さらにプラスチックの袋で頭を覆って窒息死させたのである。遺体は彼の自供通り公園の茂みの中から発見された。ティメンディカスには最終的には死刑が宣告されたが，問題はそれだけではなかった。じつはティメンディカスは，子どもに対する性犯罪で2回も有罪判決を受けていたのである。しかも一緒に暮らしていたほかの2名の男も性犯罪者であった。もちろん，このような事実はメーガン家をはじめ地域住民の誰にも伝えられていなかった。もし，このような情報が伝えられたら，地域住民は十分注意するであろうから，カンカちゃんは殺されないですんだ可能性が大きい。そこで，遺族であるメー

ガン一家は，このような悲劇が起きるのを防ぐために子どもに対する性犯罪者の警察への登録と，その情報の公開をも止める法律の制定のための運動を始めた。この運動は多くの人びとの共感を得て，ニュージャージ州議会は，メーガン事件から1か月もたたないうちに「一定の犯罪者の登録及び釈放告知に関する法律」を制定した。これをメーガン法という（松井, 2007）。

解説 メーガン法が実際に子どもに対する性犯罪を防ぐために有効なのかについては多くの議論がなされており，そのほとんどが有効性について疑問視しているのが現状である。というのも，性犯罪の防止効果が最も大きいのは「結婚と就職」なのだが，メーガン法は出所後の性犯罪者の「結婚と就職」の機会を奪ってしまう可能性があるからである。ただし，全米でこの種の法律ができた背景には子どもに対する性犯罪の不安や脅威が一般市民にも非常に大きいものであるということを示している。

＜住民基本台帳を用いた連続レイプ事件＞

2002年6月から2005年2月にかけて，愛知県内で10歳から14歳の少女7人がレイプされた事件。電話のセールスマンをしていた犯人のM（31歳）は，被害者の自宅に押し入って少女をレイプしようと考えたが，問題は家人がいるかいないかがわからないということだった。押し入ったところ家人がいたということであればその場でつかまってしまう。そこで彼は，業務に必要だと目的を偽り，愛知県内の市役所で住民基本台帳を閲覧。親と少女が二人暮らしの世帯を探しだした。このような家庭なら，昼間や夕方に訪れた場合，子どもが一人で留守番をしている可能性が高いからである。彼は探しだした家庭を次々に訪問し，少女をレイプしたのである。犯人のMは，懲役17年となった。

解説 もちろん，住民台帳の閲覧がこのように悪用される可能性については当初はまったく考えられていなかった。自治体が持っている個人情報の安易な公開がどのような悲劇に結びつく可能性を持っているのかを，明らかにしたある意味で非常に教訓的で重要な事件である。国会でも，この事件をきっかけに住民台帳の閲覧のあり方が議論された。

子どもに対する性犯罪のまとめと設問

キーワード 露出犯，強制わいせつ，レイプ，痴漢，ダーティー・オールドマン，言葉による誘惑型，侵入型，仲良し型，行きずり型，固執型ペドフィリア，退行型ペドフィリア，搾取型ペドフィリア，サディスティック型ペドフィリア，行動療法，認知行動療法，リラプス

プリベンション，監視性，管理性，メーガン法，電子監視

設問
1) 子どもに対する性犯罪には暗数が多いといわれるがその理由について述べなさい。
2) 子どもに対する性犯罪者の手口について分類して論じなさい。
3) 子どもに対する性犯罪者を分類し，それぞれの特徴について論じなさい。
4) 子どもに対する性犯罪を防ぐための方法について論じなさい。

第6章 レイプ

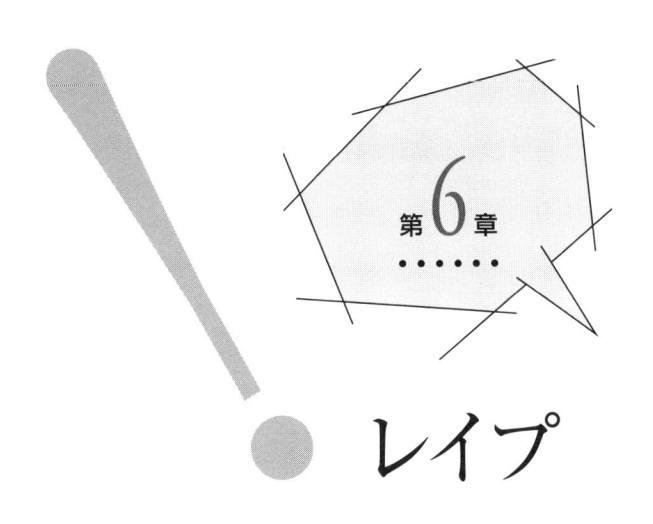

1 レイプの定義

　レイプは，強制的に性交を行う犯罪である。レイプの法的定義は各国で異なるが日本では，暴行又は脅迫を用いて，強制的に女性の性器に男性が性器を挿入する行為がレイプ（強姦）と定義される。そのため客体は常に女性となる。ただし，主体は単独で犯罪を行う場合には常に男性であるが，共犯の場合には女性がなる場合もある。男性が被害者の場合には強制わいせつ罪となる。『犯罪白書』では，レイプは毎年1500件程度が報告されているが，これは実際に発生しているレイプ犯罪のごく一部にすぎない。というのは，実際にはレイプの多くが知人間，つまり友人や同僚，恋人，先輩後輩，上司部下などの関係の中で発生しており，この犯罪が親告罪であるということもあり，警察に届け出られないケースがきわめて多いからである。警察などが把握できない事件を暗数という。事実，一般市民を対象としてレイプの被害調査を行うと被害率は3～8％と驚くほど高くなる。恋人，友人間で行われるレイプのことをデートレイプと呼ぶこともある。また，夫婦間で行われるレイプは以前は犯罪とみなされていなかったが，現在では犯罪とみなされるようになってはきており，「婚姻が破綻して夫婦たる実質を失い，名ばかりの夫婦にすぎない場合にはもとより夫婦間に所論の関係（いわゆる通常の夫婦関係での性交）はなく，夫が暴行又は脅迫をもって妻を姦淫したときは強姦罪が成立する」と認定した1986年の鳥取地裁判決（鳥取地決昭61.12.17）が存在する。

デートレイプに対して，被害者と加害者の間に事前の人間関係がないレイプのことをストレンジャーレイプという。

2 レイプ犯人の行動パターン

(1) ストレス対処の失敗とレイプ

レイプは性欲主導型の犯罪だと長い間考えられてきた。しかし，グロース（Groth, 1979）はレイプ犯の研究の中で，性欲だけでなく，支配や権力のテーマがレイプ犯罪の中に典型的にみられるということを明らかにした。レイプ犯はレイプに先立って，仕事上，私生活上のストレスや自尊心が傷つけられた体験をしていることが多く，レイプはそのストレスの発散やあるいは女性を支配することによる自尊心の回復のために生じているケースがあるというのだ。実際にナイトとプレンキイ（Knight & Prentky, 1987）やFBIのレイプ犯の分類においてはこのような支配型のレイプが大きく扱われている。しかしながら，若年層の犯人においては性欲主導型の犯罪も少なくない。

(2) レイプ犯の地理的行動パターン

カンターとラーキン（Canter & Larkin, 1993）は，東南イングランドで発生した連続ストレンジャーレイプ犯人45人の合計251件のレイプ事件について，犯行場所と犯人の居住地の関連を分析した。その結果，連続犯行現場の一番離れた2点を結んだ円内にほとんどの犯人が居住していたということがわかった。これはレイプ犯の場合，自分の住居（犯行拠点）を中心としてその周囲で犯行を行うこと（拠点モデル）を意味しており，犯人は自分の住居からどこか別の場所に通勤して犯行を行っている（通勤モデル）わけではない。ただし，被害者を誘拐して別のところでレイプしたケースと，特定の道の周辺でレイプしたケース，売春婦など特定のターゲットを狙うケースではこのような法則に当てはまらなかった。

コラム

ポルノグラフィと性犯罪の関係

　ポルノグラフィが性犯罪に対してどのような効果をもたらすのかについてはポルノの規制との関係でしばしば問題になる。この問題に関する仮説は3通り考えられる。一つはポルノは性犯罪を促進するという考え方である。もう一つはポルノが性犯罪を抑制するという考え方，そして最後はポルノは性犯罪にまったく影響を与えないという考え方である。この問題に関する実証研究は当初は，ポルノの効果を見いだすことができなかったが，近年の研究では，ポルノの性犯罪促進効果を見いだす場合が多い。たとえば，バロンとシュトラウス（Baron & Straus, 1989）はアメリカの各州におけるレイプ数とポルノの流通量が高い相関を持つことを明らかにしている。ポルノの供給がマスターベーションの材料を供給し，性犯罪を抑制するという仮説についてはしばしば言及されるが，この効果を実証した研究はない。むしろ，マスターベーションなどをとおして，自己の性欲のコントロールができるものははじめから性犯罪を行わないことが多いと考えられる。また，レイプ犯人の犯行過程についての研究でも，ストレスに対して性的なイマジネーションによって対処しようとすることが性犯罪を動機づけてしまうことが知られているが，この場合，ポルノの存在はイマジネーションを促進してしまう可能性がある。また，リンツ（Linz, 1989）は，暴力的なポルノグラフィの存在がレイプ神話を助長して，これが性犯罪を促進させているという可能性についても言及している。

3　レイプ犯人の分類

　レイプ犯といってもその動機や行動はさまざまである。そのため，レイプ犯の行動を明らかにするためにはまず，彼らを何種類かの類型に分類して論じていくのが有効である。レイプ犯の分類は何人かの研究者が行っている。たとえば，ラダ（Rada, 1978）は，レイプ犯を精神病質レイピスト（The psychotic rapist），状況的ストレスレイピスト（The situational stress rapist），男性性アイデンティティ葛藤レイピスト（The mmasculine identity rapist），サディスティックレイピスト（The sadistic rapist），ソシオパスレイピスト（The sociopath rapist）の5種類に分類している。ここでは，ナイトとプレンツキー（Knight & Prentky, 1987）による四つのタイプに分類について見てみる。

(1) 怒り報復型レイプ犯

このタイプのレイプ犯は自分の人生において女性から受けたと彼が考えている不正や侮辱に対して復讐するためにレイプを行う。ある特定の女性から侮辱されたからその相手をレイプするというのでなく，女性という抽象的なカテゴリー全体に対する復讐のために適当な女性をレイプするのである。そのため，レイプ行為は性的な行為というよりもむしろ暴力の一種として使用される。被害者にけがを負わせる場合も少なくない。暴力の程度は激しく，レイプをするために必要な暴力の範囲を超えている。また，被害者を傷つけたり，屈辱を与えるような意図的な発言を繰り返す。犯人の多くは結婚しており，建設業やトラック運転手などの男性的な職業に就いている場合が多い。犯行対象（復讐対象）が，高齢者や若者など，ある特定の年齢層である年齢層怒りレイプ（Age Anger Rape）やある特定の人種である人種怒りレイプ（Racial Anger Rape）などの下位分類がある。

(2) 搾取型レイプ犯

このタイプのレイプ犯は男性優位的な思想を持っており，女性は男性に屈服すべきであるし，男性は暴力的に女性を支配するのは当然だと考えている。レイプするのはそのような考えを実地に移しているだけである。自己中心的で利己的，被害者に対して正体を隠そうとはしない。「女性は本来レイプされたがっているのだ」とか「レイプされるのは女性が悪い」などのレイプ神話を信じている。犯人はレイプ以外の犯罪歴があることが多く侵入盗や強盗に付随してレイプを行う場合も多い。

(3) 補償型レイプ犯

このタイプのレイプ犯は，自尊心が低く，不全感に悩んでいる。社会的に無能な場合もあるが，有能である場合も少なくないし，高い専門能力を有している場合もある。ポルノを嗜好し，覗きや露出などのさまざまな性的嗜好を持っていることも多い。彼らがレイプをするのは性的な動機が最も大きいのだが，同時に，一時的にでも女性を支配することによって自分の有能さを確認しよう

とすることも動機になっている。恋人や配偶者はおらず，両親と同居している場合が多い。犯人は被害者が従順で，レイプによって加害者に愛を感じるようになるといった空想を描いていることもあり，それがゆえにレイプの途中で女性のことを気にかけており暴力はあまりふるわない。被害者はレイプを楽しんでいると誤解していることがあり，再び，被害者宅を訪れる可能性がある。犯人は，侵入盗や強盗などのほかの反社会的な行動は行っていない。

(4) サディスティック型レイプ犯

このタイプは，自分のサディスティックな性的な欲求を満たすために自分の好みの女性を付け狙い，襲撃し，手錠や猿ぐつわ，足かせなどを使用して拘束して暴力的にレイプする。相手を痛めつけることによって興奮し，そのために相手にけがを負わせたり，殺害する可能性もある。最も危険なレイプ犯人であり連続殺人犯人となる場合もある。

<大久保清事件>

　　大久保清は，国鉄職員の8人兄弟の末っ子として生まれた。父親は土地持ちで裕福であり，本人も子どものころから「ボクチャン」といわれ甘やかされて育った。父親が女性関係にだらしがなかった点を受け継いでか，本人も20歳前後のからレイプや強姦致傷などを繰り返す。ついに2年10か月の実刑を受けることになる。出所後は，室内装飾業をするからといって親からせびった金で高級スポーツカーであるマツダ・ロータリークーペを購入。ブランドのルパシカを着てベレー帽をかぶり，画家や教師を装って，「絵のモデルになってくれ」と若い女性に次々と声をかけてホテルに連れ込んだ。この中で反抗した女性をレイプしたうえで殺害し，遺体を高崎市内の工業団地や榛名山・妙義山周辺に遺棄した。彼はわずか41日間の間に8人の女性を殺害した。一審判決で死刑となり，1976年に死刑になった。

　解説　大久保清は日本犯罪史上まれにみる連続殺人犯人であるが，監禁拷問などのサディスティックで特殊な性的嗜好によるものではなく，連続強姦犯人が，殺人にまで発展した例だといえるだろう。

4　テーマ分析によるレイプ犯の分類

ラダやナイトらのレイプ犯の分類はレイプ犯の人格に焦点を当てた分類で

あったが，リバプール方式のプロファイリング研究では彼らが実際に行う犯罪行動について多次元尺度構成法を用いた分析が行われている。これは，レイプ犯が行う各種行動，たとえば「猿ぐつわをする」，「金銭を奪う」，「口腔性交をする」などについてそれらが同時に生起する割合を算出し，同時に生起しやすいものは，近くに生起し，しにくいものは，遠くに配置して2次元空間上にマッピングするという方法である。この方法によって犯人がどのようなテーマに基づいて犯罪を行うかということを基準にして犯人を分類することができる。これを犯行のテーマ分析という。

たとえば，カンターとヘリテージ（Canter & Heritage, 1990）は27名のレイプ犯の行動を分析し，犯人の行動を次の五つに分類している。

(1) 親密性（intimacy）

被害者と擬似的な親密性を持とうとする行動を行う。キスや被害者の個人的な情報の詮索，会話，長時間一緒に過ごす，お世辞，謝罪などを行う。

(2) 暴力性（aggression）

被害者をコントロールするのに必要以上の暴力をふるう。身体的な暴力，言語的な暴力，侮辱，過剰な暴行などを行う。

(3) 性愛性（sexuality）

肛門性交や口腔性交などさまざまな性行為を行う。

(4) 犯罪性（criminality）

犯罪者として洗練された行動を行う。凶器を使用し，緊縛や猿ぐつわをする。被害者に目隠しをしたり，通報を防止したりするための脅迫を行う。金品などを奪う。

(5) 非人間性（impersonal）

被害者を人としてではなく，自分の欲求を満たすための搾取の対象とする。電撃的な急襲，衣服を破るなど。

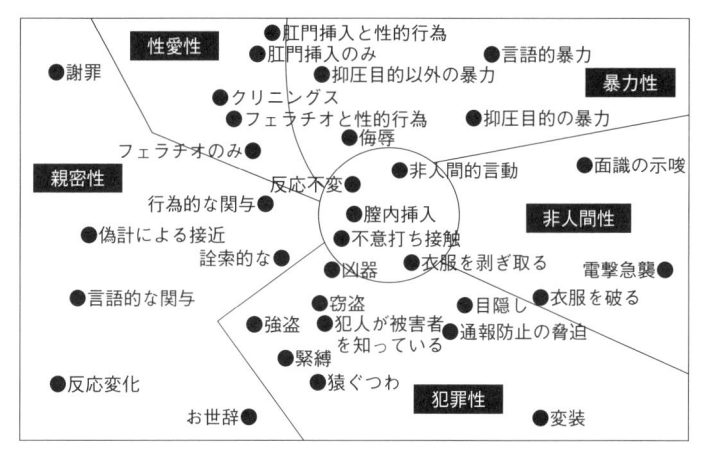

図6-1 カンターとヘリテイジの MDS によるレイプ行動のマッピング
(Canser & Heritage, 1990：渡邉, 2005 をもとに作図一部修正)

　また，日本における屋内レイプ犯の犯行パターンについて同様の方法で分析した横田ら（2004）は，「支配性」，「性愛性」，「親密性」の三つのテーマを見いだしており，やはり日本のレイプ犯の行動に関してコレスポンデンス分析を用いてテーマ分析を行った岩見と久保（1999）は，「犯罪性」，「性的実験」，「親密性」，「攻撃性」の四つのテーマを見いだしている。いずれの分類もカンターらの分析したイギリスのレイプ犯の行動パターンと類似している。また，ナイトとプレンツキーらの分類と異なり，性的な動機づけの強い群が実際には存在することが見いだされている。

＜北海道・東京連続少女監禁（監禁王子）事件＞

　2001年から2005年にかけて複数の少女が男（逮捕当時24歳）に監禁された事件。犯人の男は，一族に警察署長や議員・知事もいる北海道の名家の出身で甘やかされて育った。趣味はアダルトゲームをすることだった。彼は，江別市に住んでいた2001年，札幌市内で知り合った当時20歳の無職の女性を自宅に連れ込んで2週間にわたり監禁し，ペット用の首輪を付けたり，「ご主人様」と呼ぶよう強要した。また，当時19歳の別の少女についても監禁し，包丁で足を傷つけたり，熱湯を浴びせるなどの暴行を繰り返していたことも判明した。これらの事件で，北海道警察は彼を監禁致傷容疑で逮捕した。彼は執行猶予期間に上京し，チャットで知り合った当時18歳の少女と交際を始めるが，2004年2月，少女を脅迫して上京させたうえで都内のマンションやホテルで3か月強にわたりペット用の首輪を付

けて監禁。女性に「オレは病気だから捕まらないんだ」と主張した。他にも2003年12月から2004年12月にかけ，当時17歳の少女を青森県五所川原市内などのホテルで約3日間監禁，当時22歳の女性を東京都内のマンションに約4か月間監禁，当時23歳の女性を東京都内のマンションに約10日間監禁したことが判明した。懲役14年の実刑判決が言い渡された。犯人の男はいわゆるイケメンで，子どものころのあだ名が「王子」だったことから，この事件は「監禁王子」事件といわれた。

解説 女性を誘拐し監禁するというタイプの犯罪であり，この種の事件は昔からしばしば発生している。最悪の場合には連続殺人にいたる場合もある。

＜電車内におけるレイプ犯罪と沈黙する傍観者＞

2006年8月3日午後9時20分ごろ，JR西日本北陸本線福井駅を出発した直後の富山駅発大阪駅行き特急「サンダーバード」車内で，大阪市内の女性会社員（21歳）が強引に隣に座ってきた男性に「俺はヤクザだ」「逃げると殺す」などと脅され強制わいせつ行為を受けたうえで，車内のトイレに連れ込まれレイプされた。犯人は滋賀県在住のA（35歳）。Aは，さらに同年12月21日午後10時半ごろ，JR西日本湖西線堅田駅発京都駅行き普通電車の乗客のいない先頭車両で，大津市の女性パート店員（27歳）を脅しレイプし，さらにその後，京都駅で反対方向の電車に乗り換え，午後11時20分ごろ雄琴駅で女子大生（20歳）を脅し駅構内の男子トイレに連れ込みレイプした。Aは8月の事件がきっかけとなり検挙された。判決は懲役18年。この事件では，複数の目撃者がおり，不審に思っていたにもかかわらず，車掌などに通報がなくこの点が「沈黙する傍観者」として社会的に大きな問題となった。

その後，2008年3月と4月に，JR東日本の「グリーンアテンダント（グリーン車の担当乗務員）」が，走行中の東海道線車内で襲われる事件が相次いで発生した。犯人のI（34歳）は，3月27日早朝，東京-横浜間のJR東海道線普通電車内で，グリーンアテンダントの20代女性をトイレに押し込み，「死にたくなかったら言うことを聞け」と言い首を絞めレイプしようとしたが未遂，女性に2週間のけがを負わせた。また，4月2日早朝，東京-横浜間を走行中の東京発沼津行き普通電車の車内では，別の20代女性グリーンアテンダントに「静かにしろ，殺すぞ」と脅迫，トイレ内でレイプした。

この事件を受けJR東日本はグリーン車内に防犯カメラを備えつけることや，乗客が少なくなる早朝と夜間のグリーン車付近を警戒するため，社員や警備員の巡回を増やす，女性乗務員は2人での勤務態勢とするよう対策をとることにした。

解説 事件そのものの凶悪性はもちろんであるが，公衆の目に触れるような状況で行われた犯罪であっても，回りの人びとが見て見ぬふりをする「沈黙する

傍観者」が大きな問題である。電車内や駅の駐輪場で発生することの多い公衆の面前での強制わいせつ事件も「沈黙する傍観者」の問題が生じる場合が多い。「沈黙する傍観者」の最悪のケースとして，30分にわたって暴漢に襲われ，38人もの目撃者がいたにもかかわらず，誰も警察に通報せず，殺されてしまったキティジェノベーゼの事件などがある。

5 大江らによる少年の性犯罪者の分類

ナイトらの分類はおもに成人の性犯罪者を対象としたものであった。性犯罪加害者は，少年であることも多いが，少年の性犯罪者は成人とは異なった特徴を持つことも少なくない。そこで成人とは異なった分類枠組みが必要である。この問題について検討したのは，大江・森田・中谷（2008）である。彼らは，レイプや強制わいせつなど接触型の性犯罪を犯した少年性犯罪者115名を以下の三つのタイプに分類した。

(1) 反社会的衝動的群

非行性が進んでおり，性非行よりも性非行以外の再犯を行う危険性が大きい。多種多様な非行を行う中で，レイプなどの非行も行う。犯人は外向的，衝動的で認知のゆがみが大きい。他者と円滑な人間関係を築く能力はあるが，社会適応力や社会資源に乏しいゆえに学業や仕事を続けられないことが多い。

(2) 非社会的性固執群

一貫して性的逸脱行動を反復する傾向があり，性非行の再犯の可能性が高い。神経質で内向的であるが，自己顕示的でもあり，物事をゆがんで捉え不満を募らせやすい。学業や仕事などは表面的な社会的枠組みには従うが，家族や友人との関係はうまくいかず，社会適応に問題がある。

(3) 一過的潜伏群

他の群に比べて，人格的に大きな偏りはなく，社会的サポートに恵まれている。非行性も性非行への固執もみられない。性非行の発現には，状況的な要因も大きいと思われる。

6 レイプ神話とレイプに関する偏見

　レイプについてはさまざまな誤解や偏見があることが知られている。とくに「女性はそもそもレイプされることを望んでいる」，「女性はレイプされることで快感をあじわうものだ」，「女性の体に触るのは挨拶代わりだ」，「レイプ事件の多くは女性のねつ造だ」などの誤った信念のことをレイプ神話という。レイプ犯人は，このようなレイプ神話を信じており，みずからの行為を正当化していることが多い。また，大淵ら（1986）はレイプ神話は大学生女子＜大学生男子＜一般犯罪者＜性犯罪者の順でより信じられていることを明らかにしている。

　また，「レイプをされるような女性は自分が誘惑したのだから非がある」というレイプ神話が広く行き渡っているためにレイプされている女性が警察に相談しにくかったり，また相談して裁判を受ける過程で逆に責められてさらに傷ついてしまうことも少なくない。そこで，最近では警察や裁判所も被害者の立場を考慮した対応を行うように心がけている。

レイプのまとめと設問

キーワード　強姦罪，強制わいせつ罪，暗数，デートレイプ，夫婦間レイプ，ストレンジャーレイプ，怒り報復型レイプ，搾取型レイプ，補償型レイプ，サディスティック型レイプ，親密性，暴力性，性愛性，非人間性，犯罪性，反社会的衝動的群，非社会的性固執群，一過的潜伏群，レイプ神話

設問
1) レイプ犯罪の定義と現状について述べなさい。
2) レイプ犯の一般的特徴について説明しなさい。
3) レイプ犯人の分類方法を一つあげ，それぞれのタイプの特徴について説明しなさい。
4) レイプについては一般にはさまざまな誤解があるといわれてい

る。どのような誤解があるかと，実際にはどうなのかについて説明しなさい。

第7章 ストーキング

1 ストーキングとは何か

　ストーキングとは，悪質なつきまといのことであり，つきまとわれている被害者が精神的な苦痛を味わう状況をさす。悪質なつきまといといった現象は古くから存在していた。しかし，それが各国で犯罪として定義され，法律によってその行為が規制され，警察が取り締まりを始めたのは比較的最近のことである。その理由はいくつかあるが，最大の理由はストーカーが行う行為自体，社会的に見て違法な行為ではなかったか，あるいは違法ではあっても軽微なものであったからである。たとえば，恋愛感情が動機のストーカーは，連日ラブレターを送るとか，家のそばまでついてくるとか，プレゼントを送る行動をとるわけであるが，これは違法ではないし，憎しみが動機のストーカーはいたずら電話やピンポンダッシュ（家の呼び鈴を鳴らして逃げること），落書き，ゴミの散乱，手紙の窃盗などを行うわけであるが，これらは警察が積極的に取り締まるほどの重い犯罪ではない。また，警察自体も「法は家に入らず」や「民事不介入」の原則の下に動いており，知人間のトラブルや恋愛に関わることを避けていたことも原因の一つである。

　ところが，ストーカーに被害者が殺されるというタイプの事件がいくつか発生し，これらの事件が社会的にも大きな問題となったことから，各国でストーカー行為そのものを取り締まるストーカー規制法が作られるようになった。したがって，ストーキングは最近，犯罪化された新たな罪種であるといえるであ

ろう。アメリカでは，売り出し中の女優，レベッカ・シェイファーが殺害された事件などがもとになり 1990 年に初めてカリフォルニア州でストーカー規制法が作られ，その後，1993 年に，全米刑事司法協会がストーキング防止法のモデル法案を策定し，これによって各州の立法作業が促進された。その年のおわりまでには全州でストーキング防止法が制定され，1996 年には州をまたぐストーキングについての連邦法が制定された。イギリスでは 1997 年にストーカー規制法にあたる嫌がらせ行為防止法が制定された。日本では，桶川の女子大生殺害事件がきっかけとなって制定され 2000 年 12 月に施行された。

＜レベッカ・シェイファー殺害事件＞

　アメリカの女優レベッカ・シェイファー（Rebecca Schaeffer）が，ストーカーに銃で撃たれて死亡した事件。アメリカでストーカー規制法ができるきっかけの一つとなった事件。

　犯人のロバート・バルドは，アメリカの空軍軍人と日本人の母親の間に 7 人兄弟の末っ子として生まれた。子どものころから，執着的な性格で，何人ものタレントにストーキング行動を行ったことが知られている。彼が最初にストーキングしたのはソ連（現在のロシア）のアンドロポフ書記長に手紙を書いて，史上最年少の親善大使といわれた 10 歳の少女，サマンサ・スミスであった。その後も，ミュージック歌手のデビー・ギブソン（Deborah Gibson）などのストーキングをしたあと，当時の人気テレビ番組であった"My sister Sam"に出演していたレベッカ・シェイファーのストーカーとなった。彼は，彼女にファンレターを出し，シェイファーもそれに返信を書いた。この返信によって彼は，シェイファーも自分自身を愛しているのだと誤解し，プレゼントを持って撮影現場に通うようになった。その後，彼女が"Scenes from the Class Struggle in Beverly Hills"でラブシーンを演じたり，大人の女優への脱皮を図って大人びた発言をするようになったことに対して怒りを募らせ，1989 年 7 月 18 日，シェイファーのアパートを訪ね，出てきた彼女の胸を銃で撃って殺害した。シェイファーは 21 歳であった。バルドは終身刑となった。

　解説　バルドはシェイファーを殺害後，公判で「いまでも彼女を愛している」と証言している。このようにストーキング対象者を苦しめながら，その一方では愛や執着を示す発言をするのがストーカーの典型的な行動パターンの一つである。この傾向は拒絶型ストーカーで顕著であるが，バルドのようなスターストーカーでもよくみられる。愛と憎しみが紙一重であることを示すケースであるといえるだろう。

<リチャード・ファーレイ事件>

　リチャード・ファーレイ（Richard Farley）事件もアメリカでストーカー規制法ができるきっかけとなった事件の一つである。カリフォルニア州のサニーベイル（Sunnyvale, California）にある ESL 社で働いていたローラ・ブラック（Laura Black）は，仕事上で知り合ったファーレイから度重なるストーキング行為を受けた。はじめはしつこいデートの誘いであったが，彼女の通っている大学に現われたり，エアロビ教室に現われたり，そしてついに彼女の自宅にも現われるようになった。また彼女の自宅のドアに直接ラブレターが貼りつけられていたこともあった。彼は ESL 社の人事部から彼女の個人情報を入手していたのである。ストーキングは 4 年近くにも及んだ。最終的に，危険を感じた彼女は，裁判所に接近禁止の仮処分命令を出してもらい，その結果，ファーレイはローラの 300 ヤード以内には接近できなくなった。1988 年 2 月 17 日，ファーレイはショットガン 2 丁，ライフル 1 丁，拳銃 4 丁と銃弾 1100 発，ナイフ，発煙筒を持ち，軍用ベストとレザーの手袋を装着し耳栓（銃声から耳を保護するため）をして ESL 社に突入し，銃を撃ちまくった。最終的にローラを見つけるとファーレイは，ローラの胸を撃った。ローラは幸いなことに一命は取り留めたが，7 名が死亡し 3 名が負傷する惨事となった。その後，ファーレイは ELS 社に籠城したが最終的には検挙され，第 1 級殺人罪で死刑となった。

　解説　会社関係の知人によるストーキング事件である。ファーレイは最終的には大量殺傷事件を引き起こしており，ストーキング事件が最悪の場合には大量殺傷を引き起こすことがある可能性を示している。彼が大量殺傷を引き起こしたきっかけの一つは裁判所の接近禁止命令である。このような命令や警告が加害者を追いつめ，逆に犯行を悪化させる可能性についても十分検討する必要があるだろう。

2　ストーカー規制法

　ストーカー規制法（正式名称　ストーカー行為等の規制等に関する法律）は，ストーカーを取り締まる法律である。この法律では，つきまとい等の行為を反復して行うことを直接規制する。つきまとい等とは，具体的には以下の行為のことをさす。1．自宅・学校・職場などでの，つきまとい・待ち伏せ・押しかけ等　2．監視していると告げる行為（行動調査など）　3．面会・交際の要求　4．乱暴な言動　5．無言電話，連続した電話・FAX（ファックス）・電子メール　6．汚物・動物の死体等の送付等　7．名誉を害する事項の告知等　8．性

的羞恥心を侵害する物品等の送付等などである。ただし，上記1-4については，「身体の安全，住居等の平穏若しくは名誉が害され，又は行動の自由が著しく害される不安を覚えさせるような方法により行われる場合に限」られる（2条2項）。

また，規制対象となる「つきまとい等」は，その目的が，「特定の者に対する恋愛感情その他の好意の感情又はそれが満たされなかったことに対する怨恨の感情を充足する」ことと定義されており，恋愛関係が存在しないストーキング行為は，そのほかの刑事法，条例など（軽犯罪法，迷惑防止条例等）が適用される。また，ストーキングの対象も，「当該特定の者又はその配偶者，直系若しくは同居の親族その他当該特定の者と社会生活において密接な関係を有する者」であることも要する（2条1項柱書）と規定されている。

罰則は6か月以下の懲役，または50万円以下の罰金である。また，警察は警告書による警告ができ，この警告に従わない場合，都道府県公安委員会が禁止命令を出すことができる。命令に従わない場合には1年以下の懲役または100万円の以下の罰金となる。

＜逗子ストーカー殺人事件＞

2012年11月，逗子市在住のフリーライター・デザイナーの女性（33歳）のアパートに元交際相手の男性（40歳）が侵入し，彼女を刺殺した後，室内で自殺した。犯人の男性は2004年ごろバトミントン教室で知り合い，2年ほど交際した後別れていた。犯人の男性は，別れた直後から彼女に対して嫌がらせメールや脅迫メールを送り始めた。2011年4月には「刺し殺す」などと被害女性を脅すメールが1日に80通から100通送りつけられるようになった。被害女性は警察に相談し，犯人は2011年6月に脅迫罪容疑で逮捕され懲役1年・執行猶予3年の有罪判決が確定している。ただ，この逮捕の際に警察官が犯人に対して被害者の住所氏名を読み上げていたことから，犯人は彼女の結婚後の名字を知ることになり，さらにネットなどを使って被害者の住居を突き止めた。犯人に対しては，2011年7月にはストーカー規制法に基づく警告が出されているがほとんど効果はなく，2012年になっても嫌がらせメールは送り続け，最終的には犯人が被害者の家に刃物を持って侵入する事態となった。

解説 この事件では，2012年になって以降送られ続けたメールについて被害者は警察に報告し，ストーカー規制法によって取り締まってくれるように訴え

ていた。しかし，警察は連続して電話をかける行為やファックスを送りつける行為はストーカー規制法に規定されているが，連続してメールを送ることは，ストーカー規制法に規定されていないことや，送られたメールの内容が「自分と婚約したのに別の男と結婚し，婚約不履行なので慰謝料をよこせ」という内容であり，直接的な脅迫やストーカー規制法に規定されている禁止事項に当てはまらなかったことから事件化せず，最終的に事件を防ぐことができなかった。これがのちに大きな問題となった。ストーカー事件ではこのようにストーカー規制法の適用の可否について微妙なケースが多数存在し，取り締まりを困難にしているのも事実である。この事件がきっかけになり，2013年にメールの直接送信をストーカー規制法の「つきまとい」行為に追加する法改正が行われた。

3 ストーカーの特徴

ストーカー事件での警察への相談件数は毎年全国で2万件以上もある。ストーカー規制法が施行されているにもかかわらず，暗数がきわめて多く，警察が把握する件数はごく一部であると考えられる。ストーカーの85～90％は男性であり，被害者の85～90％は女性である。日本のストーカー規制法が恋愛関係に関するつきまといに限定されていることから異性間のつきまといがほとんどである。日本の場合，同性愛に基づくつきまといはごく一部しかないが，海外では無視できない数の事件が発生している。被害者は20代が最も多く，加害者は30代が最も多い，近年では高齢加害者が増加しており，80代の男性が20代の女性に対してストーキングする被害も出ている。被害者と加害者の関係性で最も多いのは，交際相手，元交際相手，配偶者，元配偶者であり，警察データでは，これらで70％近くになる。被害者が加害者と面識のないケースは5～6％程度である。

4 ストーカーの分類

ストーカーと一口にいってもその動機や行動パターンはさまざまであり，対処法や危険性もタイプによって異なる。そこで，多くの研究者が，ストーカーをタイプ分けすることを試みてきた。たとえば，福島章（1997）は，ストーカーの精神病理的な特徴をもとにして，精神病系，パラノイド系，ボーダーライン系，

ナルシスト系, サイコパス系に分類している。ここでは, ミューレンら（Mullen et al., 2000）による分類を紹介する。彼は, ストーカーを以下の五種類に分類している。

（1）拒絶型

　拒絶型は, 元交際相手, 元恋人, 元配偶者をストーキングするタイプである。ストーキングはこのような相手から別れを切り出されたことをきっかけに開始されることが多い。拒絶型のストーカーはプライドが高く, 別れを切り出されたことでプライドが傷つき, これに対する報復の感情が動機の一つとなる。一方で彼らは相手に対して関係を修復し元通りの関係に戻りたいという欲求も持っているために, 復縁のためにプレゼントしたり謝罪したりする。そのため, 彼らの行動は, 愛と憎しみが共存するものとなり, 嫌がらせをする一方で, 愛の表現をするなどの行動をとる。被害者はこのような行動によって翻弄されることも多い。このタイプの基本的な動機づけがプライドが傷ついたことによる報復であるので, 彼らの行動は, しつこく, 攻撃もエスカレートすることが多い。とくに, もはや復縁が不可能になった場合には, 彼らの行動は攻撃中心となる。拒絶型はストーカーの中で最も危険なタイプであり, 傷害やレイプ, 場合によっては殺人にまで発展する場合がある。また, 交際経験があることから彼らは被害者の弱みを熟知しており, それゆえ攻撃は効果的で被害者のダメージも大きいものとなりがちである。

＜桶川女子大生ストーカー殺人事件＞

　1999年10月26日埼玉県桶川市の桶川駅西口ロータリーで女子大生Sさんがいきなり刺し殺された。彼女を殺害したのは, 久保田祥史という男だったが, その背後には, 風俗店経営者の小松和人と兄の小松武史がいた。
　和人は, 同年1月にゲームセンターでSさんと知り合いになり交際を始めた。しかし, 和人はヴィトンのバックやロレックスの時計などの高価なプレゼントを貢ぎ, 彼女が受け取りを拒否すると激怒したり, 携帯電話の番号しか教えていないのに自宅に電話がかかってきたりして, 不審に思ったため, Sさんは和人と別れることにした。ところが別れ話がでると和人は, Sさんやその家族に対して嫌がらせを開始する。まず, Sさんの行動をあらゆる方法で監視し, Sさんに対しては「俺に逆らうのか」「貢いだ100万円を返せ」「返せなければ風俗で働け」などと脅迫

し交際を続けることを強要した。和人は「別れようと思って別られるわけがない。俺は，自分の名誉のためだったら，自分の命も捨てる人間なんだよ。そういう人間なんだ。」などといって脅した。Sさんは，交際を断れば本当に殺されるかもしれないと感じたが，ついに6月14日，Sさんは池袋駅構内にある喫茶店で毅然とした態度で和人に別れる意思を告げた。この直前に彼女は「私が殺されたら犯人は小松和人である」といったメーセージを友人に伝え，遺書まで書いている。これに怒った小松和人と兄の武史は，午後8時ごろにSさんの家を訪れ，母親とSさんに「こいつ（和人）が会社の金を500万円横領した。お宅の娘にモノを買って貢いだ。精神的におかしくされた。娘も同罪だ。500万円の半分の250万円を支払え。誠意を示せ」などと言って1時間以上にわたって脅迫した。このときは帰ってきた父親に追い出されたが，和人は配下の者たちを使ってSさんを中傷するビラをまいたり，父親の会社などに大量の誹謗中傷の手紙を送りつけたり，嫌がらせを続けた。この直後に小松はSさんによりを戻そうとする電話をかけているが断られている。小松兄弟は自分の風俗店で店長を経験したこともある久保田にSさん殺害計画を持ちかけ2,000万円で請け負わせることにした。久保田も日頃から世話になっている小松兄弟のためにこの依頼を受ける。そして，犯行当日，午後9時ごろから桶川駅で待ち伏せしていた久保田らは，午後0時53分ごろ，Sさんが桶川駅に現われ自転車を降りたところに背後から近づき右脇腹と左胸部を刺して逃げた。Sさんは死亡した。犯人の久保田は，12月9日に殺人罪で検挙され，脅迫を行った仲間も次々に検挙された。1月27日，小松和人が北海道の弟子屈町の屈斜路湖で水死体で発見された。捜査本部は自殺と断定した。

解説 この事件は，わが国でストーカー規制法ができるきっかけとなった事件である。被害者が警察にストーキング行為や脅迫行為を何回も相談していったにもかかわらず，警察はろくな対応をせずに事件を引き起こしてしまっただけでなく，告訴状を取り下げさせたり，被害者のほうにむしろ非があるといった内容の記者会見をしたりするなど，問題ある対応を行っていたことが発覚し，警察官に大量の処分者をだした。しかし，ストーカー規制法ができる以前のストーカーに対する応答はむしろ，こんなものでもあり，「民事不介入」や「法は家に入らず」などを口実に対応や捜査が行われないことが少なくなかった。警察のストーカー対策はこの事件以降大きく変わっていったが，現在でも必ずしも被害者が安心を得られるレベルにはいっていない。今後も引き続き行政的，立法的な対応策の検討が必要であろう。

(2) 憎悪型

憎悪型ストーカーは，日頃からストレスや不満をためやすい人物が犯人である。彼らはいつも不平不満を漏らしており，クレーマーであることも多い。こ

のような人物が，ちょっとしたきっかけ（足を踏まれたとか無視された，軽くあしらわれたなど）でその不満を爆発させ，その相手に対して嫌がらせを始めるというタイプである。犯人は多くの場合，自分の正体は隠して相手をじわじわと攻撃し，相手が苦しんでいるのを見たり，想像したりして満足する。被害者は，自分がなぜ嫌がらせを受けているのかわからないことも多い。ただ，場合によっては自分の正体をさらして攻撃をする場合もある。隣人トラブルやクレーマーのような形態をとることも多い。憎悪型はほおっておけば，次第に少なくなったり，なくなったりする場合もある。これは犯人が別のターゲットを見つけたことなどによる。憎悪型は，恋愛関係がその原因となるとは限らないために，ストーカー規制法が適用できない場合が多い。

＜秘書を追い回した憎悪型ストーカー事件＞

　30代前半のAは，大学卒業後さまざまな職業を転々としていまは代理店に勤めていた。しかし，この会社は彼の満足いく会社ではなく，彼は自分の人生や社会自体に対して大きな不満を抱いていた。彼は，自分の悲惨な状況と周囲の人びとがみな分不相応な成功に恵まれていることにいつもいらいらさせられていた。疑り深く，他人への悪意と羨望に満ちあふれていた。

　ある日，彼が期待をつないでいた転職がだめになって失意の中にいた彼の前を突如一人の女性が横切り，彼を突き飛ばして新型のBMWに乗り込んだ。惨めな彼の前に現れ，彼を踏みにじった女性の存在は，彼がため込んでいた不満を爆発させた。もうたくさんだ，復讐してやる。と彼は感じた。彼は近くのカフェに入って彼女が帰ってくるのを待ち，彼女を尾行して家を突き止めた。そして何週間もかけて彼はその女性のことを調べ尽くした（じつはBMWは彼女のものではなく，彼女のボスのものであることや，彼女はじつは成功者でもなく秘書であるということがわかったが，走り出した犯人にはもはやそんなことは関係なかった）。そして，嫌がらせを開始した。彼女は彼のさまざまな怒りや不満の象徴として復讐されたのである。嫌がらせはおもに電話で行われ，無数の無言電話，卑猥電話，脅迫電話を繰り返し，彼女が行く店や友人の家にまで電話をかけまくった。ほかにも死亡記事を同封した手紙や白紙の手紙も出しまくった。彼はこのような行為を1年間にわたって繰り返したあげくようやく検挙された。しかし刑務所の中でも彼は，自分のしたことは正しいと言い張り，刑務所を出たらまたつけ回してやると宣言し，直接殺人をほのめかす手紙を彼女に出した。（ミューレンの事例）

　解説　憎悪型の典型的なケースである。日頃のストレスを嫌がらせ行為によって解消しているが，本人はこれが「日頃のストレス」の発散だと気づいておら

ずあくまで，その女性に対する復讐だと考えている。きっかけとなる出来事と，嫌がらせ行為があまりにもアンバランスなのがこのタイプの一つの特徴である。

＜栃木隣人トラブル殺人事件＞

2002年7月，栃木県宇都宮市で男が隣の家に散弾銃を持って押し入った。彼は洗濯物を干していた主婦に散弾を4発撃ち込み，銃声を聞いて駆けつけてきた被害者の義理の妹にも発砲した。妹は頭に散弾を受けて倒れた。犯人はそこで自殺した。この2軒の家は1979年にともにこの地に越してきて，家族構成や生活習慣が似ていたためにすぐに仲良しになり，かなり緊密な家族ぐるみのつきあいをしていた。ところがささいなことが積み重なって次第に仲が悪くなっていき，見栄の張り合いを経て，その後はお互いに嫌がらせを繰り返すほどになってきていた。とくに犯人の妻がくも膜下出血で倒れ，介護生活となり，犯人も60歳で定年を迎え1日中家にいるようになると隣の生活音，テレビの音やとくに布団を干してたたく音などが耐えがたくなってきた。それぞれの家族は相手の家に盗聴器をつけたり，防犯カメラをつけたり，家の間に壁を作るなど行い，憎しみあいは20年以上続き，限界に近づいていた。犯人の妻がガンで入院したある日，犯人はクレー射撃名目で取得した散弾銃を持って隣の家に乗り込んだのである。

解説 隣人トラブルが悪化し，憎悪型のストーキング行為，嫌がらせ行為を募らせたあげくに爆発した殺人事件といえる。現在でも日本全国のさまざまな住居で隣人トラブルは発生しており，今後もこの種の事件は発生する可能性は大きいであろう。

(3) 親密希求型

親密希求型ストーカーは統合失調症か，その他の妄想性の障害によって，自分と被害者が恋愛関係にあるとか愛しあっているとかいう妄想を抱き，これに基づいて，被害者につきまとうタイプである。精神障害の重さは，さまざまである。犯人は，妙になれなれしく被害者に接するため，被害者はひどく当惑する。妄想は合理的な説得によって消すことは困難なので，加害者に対して「二人は恋愛関係にない」とか「私はあなたのことが嫌いである」といったことを説得することは難しい。むしろこのような説得に対して犯人は自分の妄想に合わせて発言を曲解する可能性がある。つまり「なぜ，愛しているのに愛していないなどと言うのか，誰かに反対されているのか」などと考えてしまうのである。

＜デビッド・レターマン　ストーカー事件＞

　デビット・レターマンはアメリカのCBSテレビのトーク番組『レイト・ショー・ウィズ・デイヴィッド・レターマン』の司会者で，全米屈指のトップ・コメディアンである。彼は長年にわたり，一人の中年女性の執拗なストーキングに悩まされた。ストーカーは，マーガレット・メリー・レイという中年女性である。彼女は自分はレターマンの妻だと思い込んでおり，レターマンの車に勝手に乗り込んで運転しているところを検挙されたり，レターマンの家の敷地内に忍び込み専用テニスコートのうえで寝ていたところを不法侵入で逮捕されたりしている。検挙後は，10か月を刑務所で，14か月を精神病院で過ごし釈放されたが，1998年10月7日，コロラド州で電車に飛び込み自殺した。

　解説　有名人に対するストーキング，いわゆるスターストーカーの一つの例である。精神疾患における恋愛妄想は確率的に一定数発生するので，ファンの数が多ければ多いほど，恋愛妄想をもたれる危険性は増大する。ハリウッド俳優など，何百万人単位のファンがいるタレントの場合には，この種の犯罪に巻き込まれる可能性は非常に高くなってしまう。

＜藤田博さん宅ストーカー殺人事件＞

　福岡県太宰府の九州大学職員であった藤田博さん宅には，4月ごろからさまざまな嫌がらせが行われていた。投石で窓が割られたり，車が傷つけられたり，昼夜を問わず無言電話がくるなどである。警察に相談したが，警察は具体的な事件が起きていないとして取り合ってくれなかった。そこで，ある日，藤田さんは待ち伏せして犯人を取り押さえたが，犯人は「何するんですか，あんた変ですよ，あんた変ですよ，あんた変ですよ，あんた変ですよ」と繰り返すだけだった。男性は，藤田家の長女の高校の時の同級生だということが判明したが，顔見知り程度のつきあいしかなかった。ストーキング行為が続くので警察は，9月24日に本人を任意同行して調べたが，本人は否認したため家に帰した。その約1か月後，大学生は包丁を持って午前8時過ぎに藤田さんの家を襲撃した。まず，藤田さんの妻が刺され，その後，祖母も刺された。長女は自室に閉じこもり警察がくるまで部屋に隠れていて助かった。犯人はその場で検挙されたが，大学生は意味不明の言動を繰り返したことなどから，福岡地検は鑑定留置して責任能力を調査。1998年2月，大学生は統合失調症であり犯行時心神喪失状態だったとして不起訴処分・措置入院となった。

　解説　統合失調症による妄想が原因となった犯罪である。もちろん，統合失調症だからといって，患者がみなこのような事件を起こすことはない。さまざまな要因が積み重なって事件は発生するのである。この種の事件で犯人が話して

いる「意味不明の言動」というのは妄想や幻覚の内容である。

(4) 無資格型

　無資格型は，人間関係において相手の立場に立ってものごとを見ることが苦手な加害者によってなされるストーキングのことである。無資格型にはさまざまなタイプが存在するが，その中で最も危険なのは，サイコパス的な無資格型である。このタイプは，被害者に対して一方的な求愛活動を繰り返し，それに対する見返りがないとその行動が攻撃に転化する。結果的に暴力やレイプなどの行動に出る場合がある。

＜耳かきショップ店員ストーカー殺人事件＞

　2009年8月，東京都港区のAさん宅に男が侵入し，1階にいたAさんの祖母と2階にいたAさんを次々に襲った。ハンマーでたたかれナイフで刺された祖母はその場で死亡し，首などを数か所刺されたAさんは意識が戻らないまま1か月後に死亡した。犯人はAさんが勤めていた耳かきショップの41歳の常連客であった。彼は，秋葉原にある耳かきショップ（浴衣姿の女性がひざまくらで耳かきをしてくれる）の客であったがAさんが気に入り，ほぼ連日来店してAさんを指名し，毎月30から40万円以上も耳かきショップに使っていた。彼は「これだけ通っているのだから自分とつきあえ」とAさんに迫ったが，断られその後，ストーカーとなってAさんにつきまとった。結果，店に出入り禁止となったがそれでもつきまとい，Aさんはある日，110番通報までした。
　彼は殺害現場で検挙されたが，裁判では，「美保さんにもう会えないと思い，追いつめられた」，「わざわざ千葉から毎日通っていたのに，冷たくされ愛が憎しみに変わった」と動機を語った。鑑定に当たった弁護側精神科医は，「思い詰めて意識野の狭窄が起きた」と述べている。裁判員裁判で無期懲役となる。

　解説　相手に対して極度に没入して生活のすべてが相手への思いを中心に回ってしまうというストーカーの典型的な心性をよく示している事件である。仕事や学校，他の交際相手などの気晴らしできるきっかけがあると，この没入状態から離脱できるが，これらのきっかけが得られないと一方的に思い詰めてストーキング行動が悪化していくことになる。

(5) 捕食型

　捕食型は，レイプや性的殺人などを行うためにその情報収集として，選定し

た被害者につきまとうストーカーである。他のタイプのストーカーが被害者が「つきまとわれている」ことに対して恐怖や不安を感じることによって生じるのに対して，このタイプは被害者が被害に遭っていることに気がついていないというのが特徴である。

(6) その他のタイプ

実際問題として，ストーキングとして警察などに相談される事例の中には，発達障害のために相手の気持ちをくんだ柔軟な対応ができないものが恋愛においてしつこい行動をとってしまい結果としてストーキングになってしまうケースや，単なる恋愛に対するスキル不足のためにしつこい行動や不審な行動をとってしまうケース（これらは広い意味での無資格型かもしれない），特定の女性に対して痴漢や覗き行為を繰り返すケースなども存在する。

また，有名な俳優，女優，アイドル，スポーツ選手，司会者，アナウンサーや作家などの有名人も露出が多いだけにストーカーの被害を被る場合が多い。このような有名人対象のストーカーをスターストーカーという。

＜モニカ・セレシュのストーキング傷害事件＞

　　モニカ・セレシュはユーゴスラビア（セルビア）出身のプロテニス選手で，当時の4大大会最年少優勝記録を樹立した優秀な選手であった。当時彼女のライバルは，ドイツ生まれのシュテフィ・グラフ選手であった。
　1993年4月30日，セレシュはドイツ・ハンブルクの「シチズンカップ」準々決勝でブルガリアのマグダレナ・マレーバとの対戦中に，暴漢ギュンター・パルシェに背中を刺された。犯人のパルシェは，グラフの熱狂的ファンで，セレシュを刺せば，グラフが再び世界一に返り咲けると思ったと動機を述べている。セレシュはPTSDにより，2年以上試合に出場できなくなり，ドイツでの試合を拒否するようになった。その後，セレシュは，1995年8月，ようやくカナダオープンで復帰を果たし，復帰戦を優勝で飾ったが，選手としての最も大切で絶好調な2年間を失ったダメージは大きかった。

　　解説　スターストーカーの事例である。自分の好きなスターを守るためにライバルや批判者を傷害したり，殺害したりするのはスターストーカーの行動パターンの一つである。

5 ストーカーの危険性の推定

 ストーカーの被害者にとって最も大きな問題は，ストーキング行動がどんどんエスカレートしていって自分や家族に被害が及ぶのではないかということである。そのため，ストーキング行動やストーカーの特徴からその行動が悪化するかどうかについて分析する研究が行われている。たとえば，ローゼンフェルド（Rosenfeld, 2004）は，ストーカーが最終的に傷害事件や殺人事件を起こしてしまうのはどのようなケースなのかを分析した実証研究を集め，その結果を統合するメタ分析研究を行った。その結果，犯人と被害者がもとは親密な関係であった場合（これは拒絶型に顕著な条件），犯人に人格障害，薬物中毒，前科，暴力歴があった場合，被害者に対して脅迫があった場合に危険性が高くなることが明らかになった。また，精神疾患に関してはそれがない場合のほうがある場合よりも危険性が低くなることもわかった。

ストーカーのまとめと設問

キーワード ストーカー規制法，レベッカシェイファー事件，桶川女子大生ストーカー殺人事件，拒絶型，憎悪型，親密希求型，無資格型，捕食型，スターストーカー

設問
1) ストーカー規制法が制定されたのは日本でも海外でも比較的最近のことである。これはなぜか説明しなさい。
2) ストーカー規制法の概要と問題点について説明しなさい。
3) ストーカーの種類とそれぞれのタイプの特徴について説明しなさい。
4) ストーカーの危険性を推定する方法について述べなさい。

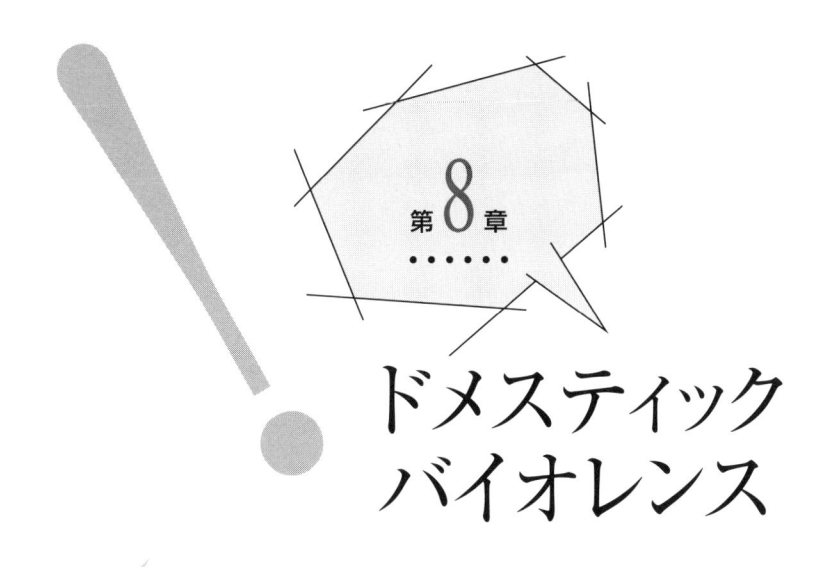

第8章 ドメスティックバイオレンス

1 ドメスティックバイオレンス，デートバイオレンスの定義

　ドメスティックバイオレンス（DV：domestic violence）は夫婦間において行われる虐待・ハラスメント行為をさす概念である。また，夫婦でない親密な二者関係，たとえば，恋人間で行われる虐待・ハラスメント行為をデートバイオレンス（dating violence）という。いずれもバイオレンスという言葉が入っているが，殴る，蹴る，髪の毛を引っ張るなどの身体的な虐待だけでなく，レイプや避妊の拒否，堕胎の強要，無理矢理ポルノを見せるなどの性的な虐待，経済的な搾取などの経済的虐待，侮辱や非難などの心理的な虐待なども含まれる。最近では，相手の行動を監視する，携帯電話にすぐでないと身体的な攻撃を行う，髪型やファッションを強要する，サークル活動やアルバイトを辞めさせたり制限する，などの行動支配的な心理的虐待が増加している。

＜サーマン事件とDV取り締まりの積極化＞

　アメリカでもDVが法的に取り締まりの対象となったのはそれほど古いことではない。1976年にペンシルバニア州でDVに対する保護命令を含むDV防止法が制定されたのがはじめであり，連邦法として女性に対する暴力防止法（Violence Ageinst Women Act: VAWA）が制定されたのは，1994年である。しかし法的な整備はなされてきてはいても実際の警察活動の中でDVによる検挙はそれほど行われてはいなかった。多くの場合DVで通報がなされても警察官は加害者を説得するだけで済ませたり，何もしなかった。このような状況は，サーマン事件を契機

として大きく変わってくる。サーマン事件（Thurman v. city of Torrington）は，DV被害者であるサーマンが警察を訴えた損害賠償訴訟である。サーマンは夫に暴行され警察に通報したが，警察官が現場に向かう途中で休憩を取り，現場に到着したのは通報25分後であった。この結果，サーマンは夫から何回も刺され，首から下が完全に麻痺する傷害を負ってしまった。裁判所は，警察がDVの女性被害者を十分に保護していないとし，このようなDV不介入，加害者の不逮捕は違法であると判断した。そして，警察に対してサーマンに230万ドルを支払えという判決を下した。この賠償金が多額であったことからコネティカット州議会は判決後，ただちにDV犯罪に対する義務的逮捕を法制化した。また，他州もそれに追随し，DVにおける義務的逮捕が全米に普及した（谷田川, 2010）。

解説 アメリカの法執行機関がDVに対して積極的な逮捕を行うようになったきっかけの事件の一つである。

2 ドメスティックバイオレンスの分類

他の犯罪と同様，ドメスティックバイオレンスの加害者にもさまざまなタイプがいる。ドメスティックバイオレンス対策においては，加害者がどのようなタイプでどのような動機でDVを行っているのかを把握することが不可欠である。

(1) 男性優位思想型

このタイプは，「男性は女性よりも優れていて，女性を暴力的に支配するのは当然であり，女性はそれを受忍すべきだ」という男性優位思想を持っている男性が加害者であり，その恋人や配偶者の女性が被害者となる。暴力的な支配を行うことが多いが，性的な暴力をふるうこともある。この場合の性的な暴力は性欲主導のものであるよりも支配や身体的な暴力の一つの手段として行われるものである。また，「女性はレイプされたがっている」とか「レイプされる女性は半分は自分が誘っているようなものだ」などのレイプ神話を信じている。加害者は男性同士の人間関係が密であり，その中で女性蔑視的な態度が形成されてきた可能性がある。軍人や消防官，警察官，建設業などの肉体労働的な仕事に就いていたり，運動部に属していることが多い。

(2) 補償的暴力型

補償的暴力型は，ふだんから不満をため込みやすい加害者がみずからの配偶者や恋人に向かって暴力をふるうことで，そのうっぷんを発散するタイプである。レイプなどの性的な暴力が行われる場合もあるが，これも性的な動機が主なものではなく，強制的な行為を行うことによって不満を解消しているのである。このタイプの加害者は一見，おとなしかったり，また対人関係に長けているように見えることも多い。そのため，交際初期は良い人に見えたのに，次第に攻撃的になっていくというパターンが見られる。

(3) 心理的支配型

心理的支配型は，相手の行動を監視したり支配したり，過度に介入するタイプの加害者である。身体的暴力や性的な暴力，経済的な暴力をともなうこともある。このタイプは，高いプライドを持っている一方で，実際には，自分にあまり自信を持っておらず，それゆえ相手から裏切られることに対して過度な不安を持っている。この不安が相手の行動を監視する動機になる場合が多い。ダットンとゴーラント（Dutton & Golant, 1995）はこのタイプをコントロール・フリークと呼んでいる。

(4) 不安定型

不安定型は，人（とくに同性）と対等な関係を築くのが苦手なタイプの加害者である。このタイプは，相手との間に過度に依存的な関係や，過度に排斥的な関係など極端な関係とそれを揺れ動く関係を築きやすく，相手は加害者に振り回される。加害者は自殺をほのめかして被害者をいきなり呼びつけたり，被害者に対してさまざまな支配的な行動を行う。身体的，性的な攻撃がともなうこともある。加害者は，境界性人格障害などと診断される場合も多い。

コラム

ドメスティックバイオレンスと男性の嫉妬

> ドメスティックバイオレンスの原因にはさまざまなものがあるが，その背景には男性の女性に対する性的な嫉妬が含まれているとしばしば指摘されている。ドメスティックバイオレンスについての著名な研究者であるダットンとゴーラント（Dutton & Golant, 1995）は次のように述べている。「虐待する男性の多くは『見捨てられた』と心の中で感じたときに，虐待がエスカレートし，妻に暴力をふるっている。この見捨てられたという感覚はフィクション，つまり加害者の勝手な思い込みであり誤解でしかないことがほとんどである。加害者は，妻の浮気という最悪の事態を勝手に想像して，怒っているのである。」加害者たちは，妻が他の男を求めているのだというわずかな証拠を探しまくる。たとえば，今日はいつもよりよい服を着ていったとか，電話したのに出なかったとか，最近化粧を念入りにしているとか，説明できない時間があるなどである。だから，彼らが妻をののしるときに使う言葉は，「売女（bitch）」，「尻軽（hole）」，「ふしだら（slatt）」「あばずれ（cunt：女性器の猥語でもある）」などの性的な言葉なのである（Dutton & Golant, 1995）。

3 ドメスティックバイオレンスのメカニズム

(1) ドメスティックバイオレンスのサイクル

レノア・ウォーカーは，虐待された妻たち120人をインタビューして，ドメスティックバイオレンスの古典的な文献となった『バタードウーマン』という本を著わした。この本の中で提唱されたのが，ドメスティックバイオレンスのサイクルという現象である。これは，DVが蓄積期（緊張が高まっていく段階）→爆発期（虐待が爆発する段階）→ハネムーン期（謝罪し関係を修復する段階）→蓄積期というサイクルをたどるというものである。

「蓄積期」とは生活の中でストレスがどんどん蓄積されていく時期である。この時期には明確な暴力が生じることはないが，次第に関係がぴりぴりしたものになっていき，被害者は相手の顔色をうかがうようになっていく。蓄積したストレスが爆発的に発揮されるのが次の「爆発期」である。この時期では加害者は怒りや衝動性をコントロールできなくなり，身体的な暴力をふるう。被害者は，激しい恐怖を感じる。危険なフェイズであり傷害や死亡が生じるのもこの時期である。「ハネムーン期」は，加害者が我に返り，謝罪をしたり，優し

い言葉をかけたり，優しい行動をとったり，プレゼントしたりする時期である。被害者は，落ち着き，爆発期の加害者の行動を許したり，自分が悪かったのではないかと考えたりして，「合理化」する。この時期が存在するために，多くのカップルがDVのサイクルから抜け出せなくなるといわれている。この時期をこえるとサイクルはまたもとの蓄積期に戻り，このループが絶え間なく続いていく。

(2) 合理化

　ドメスティックバイオレンスは家庭内や恋人間での暴力であるが，多くの人は，相手が暴力をふるうのなら別れてしまえばいいのではないか，と考える。実際問題として別れて事態に収拾がつくケースもあるのだが，問題なのは多くのケースで別れることができないということである。なぜ，DVのカップルは別れられないのだろうか。脅迫的関係，つまり，「別れようとすればひどい目に遭わせる」とか「殺す」などの脅迫的な言動でつなぎ止めているケースも実際にはあるが，むしろ問題なのは被害者が自分の立場を「合理化」してしまっている場合である。たとえば，「私がいなければこの人はダメになってしまう」とか「この人を支えていけるのは私だけだ」などと考えてしまうのである。これはDVのサイクルのところで述べたような，「ハネムーン期」とも密接に関係している。また，被害者は実際には関係から抜け出せなくなっているにもかかわらず，「別れようと思えばいつでも別れられる」と思っていたり，「まだ，たいしたけがはしていない，もっとひどいことをされたら別れるけど，まだ我慢できる」などと考えてしまっているのである。この段階ではもはや一種の洗脳状態になっていて，一種の嗜癖としての関係から離脱できなくなってしまうのである。

コラム

ドメスティックバイオレンスにおける反復思考

　ドメスティックバイオレンスの加害者に共通するいくつかの特徴がある。一つは，責任の外在化である。これは日常の不満を自分でなく他人のせいにする

傾向である。そしてこの外在化は被害者に対して起こる。つまり，彼らはどんな不満でも「妻が〜しなかったからだ」と考える傾向にある。たとえば，DVの加害者の男性に夫婦げんかのテープを聴かせ，解釈させるとDV加害者でない男性に比べて，女性に非があると判断する率が高くなる（Dutton & Golant, 1995）。さらに彼らは繰り返し「俺は不愉快だ，それは妻のせいだ」，「妻はくそったれだ」のような妻に対する非難を頭の中でエンドレステープのように繰り返す。これによって怒りはどんどん育っていってしまう。もちろんこのようなメカニズムの背景には嫉妬心や性的な問題，そして自分が見捨てられてしまうのではないかという見捨てられ不安が含まれている。見捨てられ不安に関して興味深い実験として，ダットンとブローイング（Dutton & Browning, 1988）の文献がある。彼らは，DVの加害者に，夫婦げんかのビデオテープを視聴させた。すると加害者は，妻の自立に関する言葉により敏感に反応し，怒りや不安が高まりやすいということがわかった。つまり，加害者自身がじつは自分は妻を必要としており，妻から見捨てられ孤独になることが恐ろしいと感じているが，それを意識的に理解していない場合が多い。ダットンはこれを「隠された依存」と呼んでいる。暴力行為は「隠された依存」から目をそらせる働きをする。

ドメスティックバイオレンスのまとめと設問

キーワード ドメスティックバイオレンス，身体的虐待，性的虐待，経済的虐待，心理的虐待，男性優位思考型，補償的暴力型，心理的支配型，不安定型，DV防止法，DVサイクル，合理化

設問
1) ドメスティックバイオレンスで行われる行為について具体的に説明しなさい。
2) ドメスティックバイオレンスの犯人はどのようなタイプがあるか説明しなさい。
3) ドメスティックバイオレンスのサイクルとは何か説明しなさい。
4) ドメスティックバイオレンスやデートバイオレンスの関係からは「そんな相手なら別れてしまえば良いのではないか」と言われることが多いが，実際にはこれは困難である。その理由について説明しなさい。

第9章 放火

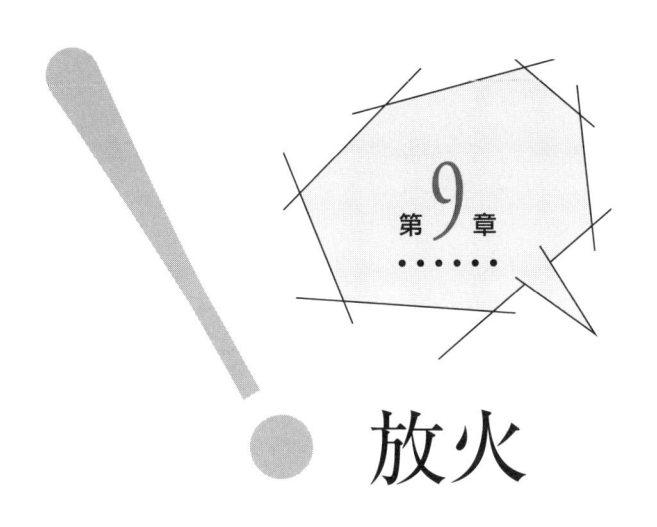

1 放火の定義と特徴

　放火は，住居，車，ゴミ置き場，掲示板などに火をつける犯罪のことである。日本で発生する火災の中で最も多い原因は放火であり，全体の20％～25％の火災が放火またはその疑いのものである。最も多いのは，空き地や河川敷などの草木に火を放ち燃え広がらせるもので，続いて住居の居室や外周部に火をつける行為となる。発生時間は，午前0時～3時が最も多い。放火の原因としては，田舎で発生するものと都会で発生するものは異なると指摘されている。田舎で発生する田舎型放火は個人的なトラブルや恨みに動機づけられ相手への攻撃として行われるものであり，被害者と加害者間にVO関係のあるものが多い。これに対して，都会型放火は日頃の不満や鬱憤を晴らすために自分とは直接人間関係のない相手の家や財産などに火をつけるものが多い。犯人は自宅や職場などの拠点の周囲に放火することが多く，通勤型（放火するために特別な場所に出かける）という行動はあまりとらないことがわかっている。したがって，犯行場所は犯人の住居の比較的近くにある。

2 放火犯の分類

　放火犯罪もさまざまな動機があるため，FBIのダグラスら（Douglas et al., 2006）やライダー（Raider, 1980），プリンス（Prins, 1993），神奈川県警の上野

(2000) などが放火犯人を動機によって分類している。ここではこれらの分類を参考にして，あらためて放火犯罪を分類してみる。

(1) 性的興奮を得るための放火

スリルや性的満足などを求めてする放火である。自分でつけた火を注視することによって性的な快感を感じたり，マスターベーション直後に火をつけたくなるなどの性的逸脱があり，性的な興奮を得るために放火するタイプである。この種の性的逸脱をピロマニア（pyromania）という。ピロマニアは非常に珍しい精神障害であり，本邦ではほとんど報告がない。一部の研究者はその実在性に疑いを抱いている。

(2) 英雄志向による放火

このタイプは，自分で放火したあと，自ら消火したり，警察や消防に連絡するなどして「ヒーロー」になることを目的として放火を行う。英雄志向，承認欲求のための放火である。犯人の中には，消防官を志望している者や，すでに消防官である者、消防団に属している者もいる。

＜英雄志向による放火事件＞ ・・・・・・・・・・・・・・・・・・・・・・・・・・・

犯人は初回犯行時31歳の男性であり妻と2人の子どもがいた。父親の食料品店を手伝っており，地元の消防団の分団員をしていた。性格は内向的で気が弱く，友人は消防団関係に限られていた。父親から自営の仕事を継ぐために消防団を辞めてくれといわれていたが，自分は辞めたくはなかった。そこで，消防団で活躍しているところを見せて父親の態度を変えさせようと思い放火を始めた。何回か放火しているうちに，「火事場に一番乗りして大勢の野次馬の前で消火活動をしている自分の姿を思い浮かべると放火を繰り返さずにはいられなくなった」。2週間の間に，アパートや新築中の家，資材置き場などに放火しており，その多くは連続放火に対する消防団の警戒業務中に放火を行っている。現場に火をつけると即座に自宅に戻り，近くの消防団の車庫から消防車を運転して現場にいき，いずれも一番乗りで消火活動を行っている。現場に一番に駆けつけるために放火場所は自宅の近くに限られていた。当初は自宅から1km程度の場所であったが，最終的には60m以内の地点で放火している（上野，2000）。

解説　比較的典型的な英雄志向による放火の一例である。現場に駆けつける必

要性から，発生場所が自宅に近くなっていくなどのパターンがみられるのが特徴的である。

(3) 復讐のための放火

自分の恨んでいる相手に対する復讐として放火を使用するもの。実際に人間関係のある人物への復讐のほか，「金持ち」や「学校」などの抽象的なカテゴリーに対する復讐や社会一般への復讐のために放火がなされることもある。

＜新宿西口バス放火事件＞

　1980年8月19日午後9時過ぎに新宿駅西口バス乗り場に停車中の京王バスの後部乗降口に男がガソリンの入ったバケツと火のついた新聞紙を投げ込み，バスが炎上した。野球観戦帰りの家族や会社帰りのOLなどが巻き込まれ，6人が死亡，22人が重軽傷を負った。
　犯人の丸山博文（36歳）は，北九州市で5人兄弟の末っ子として生まれた。父親は酒飲みで母親も台風災害で死亡，中学卒業後，上京して建築作業員として必死に働いてきた。一度結婚して子どもができるが妻は生活にだらしなく離婚。子どもを施設にあずけて単身東京で働き，毎月4〜5万円を施設の息子に送金してきた。当時丸山は，作業員宿舎や簡易宿泊所で暮らしていたが，宿泊代を節約するために新宿駅西口付近でごろ寝するようになっていた。その日も彼は，新宿駅西口広場の階段に座って日本酒の小瓶を飲みながら孤独を癒していた。そのとき，雑踏の中からだれかが「じゃまだ，あっちへ行け」と声をかけた。声の主はわからなかったが，サラリーマンの誰かが声をかけたのは明らかだった。高い給料をもらい，家や家族やさまざまな幸せなど，彼が持っていないすべてを持っているサラリーマン。自分は今日まで真面目に働いてきたのに何一つ持っていない。どうして自分だけがこんなにならなければならないのだ。彼は激しい怒りに駆られた。そして周囲にあった新聞紙を集め，彼らに対して復讐するためにバスに火をつけたのである。裁判では，心神耗弱が認められ，無期懲役となったが1997年獄中で首をつって自殺した。

解説　動機も行動も大量殺人に近く，火を使用した大量殺傷事件であるといえるであろう。

(4) うっぷん晴らしのための放火

日常生活の中でいらいらしたり，不満を募らせたりした場合に，このいらいらや不満を解消するために行う放火である。不満やいらいらの原因に関連する対象に直接放火して復讐する場合には(3)の類型になるが，原因とはまった

く関係のないものに放火する場合，このタイプになる。うっぷん晴らしと復讐が混在していることも少なくない。放火の中では，このタイプが最も多い。上野（2000）は，日本で発生した放火事件の動機を分析しているが，単一放火では，29.8％が怨恨などの復讐，同じく29.8％が不満の発散となっている。また連続放火では，11.3％が怨恨などの復讐で，64.9％が不満の発散となっており，連続放火の場合は，この「うっぷん晴らし」の放火が多くを占めることを明らかにしている。また，そもそもどのような不満なのかといえば，58.7％が人間関係の問題であり，上司・同僚・友人との関係（25.3％），親子間のトラブル（11.8％），夫婦間のトラブル（6.5％）と続く。なお人間関係以外のトラブルでは，性的行為の目的不達成（18.8％），孤独感から（10.8％）となっている。うっぷん晴らしの連続放火犯は，「放火で燃え上がる火を見ていらいらが消え，すかっとした」という体験を報告することが多い。

＜復讐およびうっぷん晴らしのための放火事件＞

　　犯人は初回犯行時31歳の男性で土木建設従業員Xである。Xは，1970年〜1975年にかけて連続して放火を行った。彼はさまざまな仕事を転々とした後，30歳でO工務店に見習いとして入社した。その仕事の中でミスをしてしまったところ，自分より若い同僚から年齢の割に仕事ができないと嘲笑された。Xは，気が小さかったのでいい返すことができなかったが，その日の夜寝付こうと思っても，この嘲笑されたことが何度も思い出されてしまい腹が立って寝られなくなった。コップ酒を3合くらい飲んだが，寝付けず，午前1時近くなって散歩に出た。ふらふらと歩いていると学校があったのでそこに侵入し，教室の本棚に持っていたマッチで火をつけた。燃えあがる火を見るとふと我にかえり，怖くなって自宅に戻った。高台にある自宅の窓から校舎が次々に燃え上がるのを見るといらいらしていた気分も忘れて胸がすかっとした。
　　その後，やはり仕事の現場で言い負かされた同僚の木造住宅や，親しくつきあっていたが別れを切り出された女性の住む織物工場の女子寮，スナックの店長から花札で金を巻き上げられた復讐としてそのスナックなどに次々に連続放火を繰り返した。いずれも，飲酒してから犯行に及んでいる（上野，2000）。

　解説　この種のうっぷん晴らしのための放火は都市部では比較的ありふれており，典型的である。放火はしばしば「弱者」の犯罪といわれるが，その理由の一つはこのような社会的な「弱者」のうっぷん晴らしとして行われるからである。

<性的目的の不達成のための放火事件>

　犯人は初回犯行時21歳の男性である。彼は，無口で友達もおらず，会社から家に帰って食事をしてテレビを見た後は，買い集めたポルノ雑誌やヌード写真を見て過ごすことが多かった。そのうち，写真を見て興奮すると外出してそばの駅から電車に乗って二つ先の駅までいき，そこで，駅付近の家の風呂場や便所に入っている女性を覗いたり，若い女性に抱きついたりしていた。3日ほど覗きも抱きつきも，うまくできず，モヤモヤした気分でいたところに，以前覗きに入った家の風呂場に電気がついているのを発見して，近寄っていったが，誰もいなかった。その時，すぐ近くの物置の横に積んであった新聞紙の束が目についたので，突然火でもつけて脅かしてやれと思い，持っていたマッチでその新聞紙の束に火をつけた。少し離れたところで燃え上がる火を見ていると気分がさっぱりしたので，その後，覗きや抱きつきがうまくいかないと火をつけるようになった。判明しているだけで，民家の物置，洗濯物，駐車中の自動車やオートバイなど15件の放火を行っており，それ以外に35件の強制わいせつ事件を起こしている（上野，2000）。

　解説　性的動機と放火が接近している犯行形態であって興味深い。ただ，元々の動機は性犯罪が実施できなかったことにあるので，ピロマニアのような性的目的のための放火というよりもやはり，うっぷんを晴らすための行動であるといえる。

(5) 他の犯罪の隠蔽のための放火

　横領や窃盗，場合によっては殺人などの証拠を隠滅するために行う放火である。窃盗犯の中には，窃盗で十分な成果が得られなかった場合などに現場に放火するものがいるが，これは証拠の隠滅のためだけでなく，うっぷん晴らしの放火であるケースも多い。

<柴又上智大学生殺人放火事件>

　1996年9月9日午後4時半ごろ，東京都葛飾区柴又3丁目の民家より火災が発生した。火は2時間後に消し止められたが，焼け跡から同所に住む上智大学4年生の女性A子さん（当時21歳）の遺体が発見された。遺体は口と両手を粘着テープで，両足をパンティストッキングで縛られており，首の右側部分を集中して6か所，鋭利な刃物で刺されていた。遺体には夏物の掛け布団が掛けられていた。気道からすすが発見されなかったことから死因は出血多量であり，犯人はA子さんを殺害後に家に火をつけて逃走したということが考えられる。A子さんは2日後に海外留学に出発する直前であった。

> **解説** 犯行の隠蔽のために犯人は放火したと思われるが，実際にこの事件では犯行手がかりの多くが焼失し，捜査は難航している。現在にいたるまで犯人は検挙されていない。警視庁の特別報奨金事件に指定されている。

(6) 利得のための放火

火災保険金などを窃取するために行う放火である。

＜夕張保険金対象放火大量殺人事件＞・・・・・・・・・・・・・・・・・・・・・・・・・・・・・・

　1984年5月5日，北海道夕張市内の炭鉱労働者のための宿舎の食堂から出火し，宿舎内にいた6人（うち子ども2名）が焼死し，消火活動をしていた消防士1人も殉職する事態となった。この火災は当初は事故として処理され，保険会社はこの宿舎を所有していたH夫妻に火災保険金と死亡保険金1億3,000万円あまりを支払った。ところがこの火災は，H夫妻の経営する会社の従業員（本人も寮におり，脱出の際に大けがをしている）にH夫妻が500万円の報酬で命令して放火させたものだということが，その従業員の自首によって発覚した。従業員はこのままでは，自分も口封じのために殺されると考えたのである。H夫妻は，もともと1970年より夕張炭鉱の下請け会社を経営していたが，1981年に北炭夕張新炭鉱ガス突出事故により雇用者のうち7名を失い，このときに支払われた多額の保険金によって金回りが良くなった。その後，浪費が繰り返され，その金を使い果たしてしまったので次の犯罪を計画したというのが，この犯罪の動機であった。H夫妻には死刑が言い渡され，1997年に夫婦ともに死刑が執行された。

> **解説** 保険金目的の凶悪な殺人事件である。保険金目的の殺人の多くは単独の被害者を殺害するが，まれに大事故を引き起こしてターゲットを殺害するというパターンの事故が発生することがある。たとえば，アルベール・ガイ（Albert Guay）は，妻を殺害して保険金を奪うためにカナダのケベック州でカナディアン航空機を爆破し墜落させ，妻を含む23名を死亡させた。

(7) テロ行為による放火

　政治的・宗教的なテロにおける破壊活動として放火が使用されるもの。放火対象は，政府や政党の建物や警察，皇居，宗教施設，対立する組織の関連物件，攻撃対象の企業，他国の大使館や施設，外国人学校などであり，背景となる思想によって攻撃対象が決まる。爆発物が使用される場合も多い。時限発火装置や時限爆弾などが用いられる場合もある。中核派による京成スカイライナー放

火事件（成田闘争），京都寺社等同時放火事件（皇太子ご成婚に対する反皇室闘争），革労協による浦和車両放火殺人事件（革マル派に対する内ゲバ），神戸中華同文学校放火事件（尖閣諸島問題に対する抗議）などがある。

＜自民党本部放火事件＞

　1984年9月19日午後7時半ごろ，東京都千代田区にある自民党本部ビルの裏側にある中華料理店の駐車場から自民党本部ビルに向けて火炎放射器によって火炎が放射された。火炎放射器は高圧ガスで可燃性の液体を噴出させそれに着火させる仕組みであった。この結果，自民党本部の北側3階から7階，党事務局や会議室など約520㎡が焼失した。犯人は，革共同中核派の地下軍事組織である人民革命軍であり，翌日午前には法政大学と横浜国立大学で犯行を認めるビラをまいている。この事件は，成田国際空港の第2期工事阻止のための武装闘争の一環であると思われる。

　解説　政治テロの手段としては，放火を用いることは右翼，左翼とも少なくないが，本件のような火炎放射装置を用いる大規模なものはそれほど多くない。

(8) 組織犯罪と関連した放火

　犯罪組織が脅しやトラブル介入のために放火をすることがあり，日本でもやくざはこの種の放火をしばしば行う。

3　子どもによる放火の分類

　放火は，「弱者の犯罪」と呼ばれることもあり，体力や能力がなくても容易に実行できる凶悪犯罪である。また，子どもにとっても，火は大変魅力的なものである。そのためか，放火を行うものの中には，一定数の子どもがいることが知られている。子どもの放火の動機についてはスタドルニク（Stadolnik, 2000）が検討を行っている。ここでは，それをもとにして以下の五つのタイプに分類してみた。

(1) 好奇心タイプ

　これは，火に対する好奇心からの火遊びが，火災に発展するタイプである。

小学生程度の年齢の低い男の子に多い。早い子どもでは3歳くらいから火をつけ始める。火をつけるのは庭や自宅周辺である。

(2) クライシスタイプ（クライ・フォー・ヘルプタイプ）

これは，家族内の問題や虐待，生活上のストレスがきっかけとなって放火を行うタイプである。ストレス発散というよりも家庭内での自己の危機を周囲に表現しているといった心理状態であると考えられる。

＜宝塚市放火殺人事件＞

2010年7月9日，兵庫県宝塚市の一戸建ての家が放火され，男性と小学校4年生の次女が重体，母親が死亡した。放火したのは，この家に住む市立中学校3年生の長女（15歳）とその友人（14歳）だった。長女の一家は全員ブラジル国籍であった。彼女は明るい性格であったが日本語の習得には苦労しており，また家族との折り合いも良くなかった。長女は，父親は自分よりも次女を可愛がっており，自分に対してとくに厳しいと感じていた。彼女はしばしば父親から暴力をふるわれていて，夜に学校に逃げ込んできて帰ろうとしないことがあった。さらに，外国人ということで，「ガイジン」，「ブラジルに帰れ」，「くさい。同じ空気を吸いたくない」などといわれていじめを受けていた。一方，共犯の友人は日本国籍の同級生（14歳）であったが，この少女も複雑な家庭環境であり，似通った境遇だったことから2人は親友になった。2人は，お互いの家を放火してお互いの両親を殺害することを計画。別の友人にも計画を話していた。7月9日午前2時半ごろ，2人はまず最初に，長女の家に侵入し，バーベキューの際などに使うゼリー状の着火剤を階段と壁に塗り，毛布に火をつけて火災を起こした。家族3人は2階で就寝中だった。2人は次に，近くにある3階建ての友人宅に行き，ここでも火をつけようとしたが，母親に見つかって逃走した。最終的にはみずから110番して自首し，友人とともに検挙された。

解説 外国人であることから起こるいじめ，孤独，家庭内での問題などさまざまなつらい境遇に追い詰められ，やはり家庭に問題のある少女と出会ったことによって二人のストレスが放火という形で表出されてしまったものである。長女らは，事件計画を友人に話していたり，家庭に関する問題を教師に話したり，学校に逃げ込んだり，さまざまなシグナルを出していたのにそれが見逃されたことによって放火事件が発生してしまった。このタイプの放火に対しては周囲にいる大人が早いうちに彼らのSOSをとらえることが重要であり，必要である。

(3) バンダリズム・非行タイプ

これは，非行行為の一つとして放火をするパターンである。犯人は男性のティーンエイジャーのグループである。火をつけるのは在校中の学校や卒業した学校，自分たちの活動範囲にある公共物，掲示板などである。

(4) 逃避タイプ

「試験が嫌だ」，「学校に通いたくない」，「新学期が始まるのが嫌だ」などの理由から，個人で放火を行うケースである。犯人はティーンエイジャーで，学校に放火される場合には在校生である。学校だけでなく自宅に放火する場合もある。

＜中学校・高校に対する放火事件＞

1) 2012年12月14日午前9時50分ごろ，相模原市の市立中学校の教室にあった木製の掃除用具入れから出火，ほうきやちりとり，雑巾などが燃え，天井約1㎡が焦げた。この火事を含め，同校では先月末から6件のぼやが続いていた。
2) 2011年9月13日午前11時過ぎ，東京都新宿区内の高校の化学実験室で3年生の女子生徒（18歳）が，エンジンオイルを染みこませた雑巾にライターで火をつけ，実験室を焼損させようとした。当時，実験室で授業は行われておらず，通りがかりの男性教諭が雑巾に火がついているのに気づいて消火した。
3) 2007年1月1日未明，福岡県早良区の市立中学校に4人が侵入し，職員室に灯油をまき，火をつけた。カーテンの一部が燃えたが，駆けつけた警備員が消火した。犯人のうち3人はこの中学校の卒業生であり，「学校の指導方針にむしゃくしゃして火をつけた」と供述した。

解説 学校についての放火は，毎年のように全国各地で発生している。学校と無関係の者が外部から侵入してきて放火することはまれで，在学生や卒業生，中退生が犯人であることが多い。動機はバンダリズム・非行か逃避かにわけられる。

(5) 病理タイプ

反復して危険性の高い放火を行う。比較的若い時期から放火が始まり，放火癖が長期間にわたって持続する。犯人は，サイコパスの場合もある。子どもが，将来社会的に問題のある成人になる可能性を予測する兆候としてマクドナルド

の三要素というものがある。ここには，動物虐待，夜尿症とならんで子どものころの放火という要因があげられているが,これは病理的な放火のことをさす。

放火のまとめと設問

キーワード　田舎型放火，都会型放火，性的興奮のための放火，英雄志向のための放火，復讐のための放火，うっぷん晴らしのための放火，他の犯罪の隠蔽のための放火，利得のための放火，テロのための放火，組織犯罪のための放火，好奇心タイプ，クライシスタイプ，バンダリズム・非行タイプ，逃避タイプ，病理タイプ，サイコパス

設問　1）日本における放火犯罪の特徴について説明しなさい。
　　　　2）放火犯人にはさまざまな動機があるが，それぞれの動機ごとに犯人のタイプと行動パターンをまとめなさい。
　　　　3）子どもの放火について説明しなさい。

第10章

プロファイリング

1 プロファイリングの誕生

　プロファイリングは，犯行の現場の状況や被害者の状況，犯行現場における犯人の行動などから犯人がどのような人物であるか，その属性を推定する技術である。このような犯人像の推定は，まさに刑事が長年行ってきたことである。しかし，刑事の推論は，経験とそこからくる直感に基づいていたのに対して，犯罪心理学でプロファイリングというときは，心理学や精神医学などの専門的知識や過去の事件の統計的な分析から科学的な推論をもとにして犯人像を推定する技術のことをさす。プロファイリングの歴史をひもとくと，最初のプロファイリングが行われた事件として「切り裂きジャック」事件をあげることができる。この事件では，連続売春婦殺し事件について，トマス・ボンド医師がみずからの医学的な知識をもとにプロファイリングを行っている。また，プロファイリングの手法を一躍有名にしたのは，1940年代から50年代にかけてニューヨークで発生した連続爆弾事件の犯人についての精神科医ジェームズ・ブラッセル博士のプロファイリングである。この事件でブラッセルは犯行状況から「犯人はダブルのスーツを着てそのボタンを全部はめている」ことまでも予測したのである。かくして，プロファイリング技術は脚光を浴びることになった。ただ，その注目もそれほど長く続くものではなかった。14人の女性が連続して殺害されたボストン絞殺魔事件では，精神科医を含むプロファイリング諮問委員会が「犯人は2人いる」と予想したのに対し，実際にはデサルボという一人

の男がすべての犯罪を自供したからである．つまり，プロファイリングが「外れた」のである．

＜切り裂きジャック事件＞

　切り裂きジャック事件とは，1888年8月31日から11月9日の間にロンドンのイースト・エンド，ホワイトチャペルで少なくとも売春婦5人が殺され，バラバラにされた事件である．周囲ではほかにもたくさんの売春婦殺しが発生しており，実際の被害者数は判明していない．

　最初の事件が起きたのは，1888年8月31日未明のことであり，ホワイトチャペル付近の路地裏で喉や腹が切り裂かれ，性器も傷つけられた，メアリー・アン・ニコルズという42歳の売春婦の遺体を巡回中の警察官が発見した．また，9月8日にはやはり，45歳の売春婦アニー・チャップマンの遺体が発見された．この事件では，被害者は喉を切り裂かれ，腸が肩まで引きずり出されたうえ，子宮と性器，膀胱が切り取られていた．さらに同月30日には44歳の売春婦エリザベス・ストライドと43歳の売春婦キャサリン・エドウズがやはり腹を切り裂かれて死んでいるのが発見された．エドウズも腎臓や子宮を持ち去られていた．最後に殺されたのは，25歳のメアリー・ジェイン・ケリーで，顔や胴体を皮膚や内臓を含め，ほぼ完全にバラバラにされ，抜き取られた臓物が付近や机の上に散乱し，腹の中に自分の手を突っ込まれた状態で発見された．

　この事件は，現在も犯人がわかっておらず，多くの研究者や作家が犯人探しを繰り返しているのが現状である．この事件は当時ももちろん大きな話題となり社会を騒がせた．この中で，1888年11月にトマス・ボンド医師がロンドン警視庁のロバート・アンダーソン刑事部長にみずからの医学的な知識と経験に基づいて犯人像について推測する手紙を出している．これが世界で初めて行われた犯罪者プロファイリングだと指摘されることが多い．彼の推測は次のようなものである．「犯人は一見穏やかな感じの中年の男性で身なりはきちんとしている，いつも，マントかオーバーを羽織っている．犯人は孤独で，周囲の人物は彼がいつ精神に異常をきたすのかと思っているが，トラブルを恐れて警察に通報していない」．犯人が検挙されていない以上，このプロファイリングが当たっているかどうかはわからないが，現在，多くの研究者やプロファイラーがこの推測は大きく外れていることはないだろうと考えているのも事実である．

　解説　いわずと知れた，世界で最も有名な連続殺人事件であり，多くの作家や研究者が犯人は誰かについて推理を巡らせてきた．犯人の有力候補としては最後の事件の直後に自殺したモンタギュー・ジャン・ドゥルイト弁護士(Montague John Druitt)や，1991年に発見された「切り裂きジャックの日記」の作者だと思われるジェイムズ・メイブリック（James Maybrick）など，数々の有名人

があげられているが，確証はない。また，コリン・ウィルソンは犯人はこのように歴史に残るような著名な人物ではなく，無名な人物が犯人であるという説を提案している。

<マッド・ボンバー事件>

　マッドボンバー事件は，ジョージ・メテスキーによって行われた連続爆弾事件である。
　最初の事件は，1940年11月16日，ニューヨークのコンソリディテッド・エジソン社の工場の窓枠に不審な木箱が置かれていたことからはじまった。この木箱には「コン・エジソンの悪党どもへ。これをお届けする」と書かれており中にはパイプ爆弾が入っていた。ただしこの爆弾は不発だった。その数か月後にも同様な事件が発生した。ただし，戦前のこの時期にこの問題に関わっている暇は多くの人や新聞社にはなかった。この事件は黙殺された。戦争が始まると犯人は「戦時中は爆弾を仕掛けない」というメッセージをニューヨーク市警察に送りつけた。
　戦争が終了するとこの爆弾犯人は活動を再開した。しかも，今度は対象をエジソン社でなく社会一般に広げ，爆弾も本当に爆発するようになった。1950年にはグランドセントラルターミナルで爆発事件が発生し，1957年までに少なくとも31件の爆弾が仕掛けられ，うち22件が爆発した。最悪だったのは1956年12月2日，ブルックリンのパラマウント・シアターでの爆発事件で，劇場の座席の下に仕掛けられた爆弾が爆発し，6名が負傷し，うち3名が瀕死の重傷を負った。この事件で市民はパニックになった。いつどこで爆弾が爆発するかわからないからである。ニューヨーク市警は，精神科医のジェームズ・ブラッセルに協力を求めた。ブラッセルはみずからの精神医学的な知識と経験をもとにして，以下のようなプロファイリングを行った。「犯人は男性である。爆破犯は歴史的に見て，ほぼ例外なく男性だからだ。また，犯人はパラノイアである。パラノイアの多くは30代前半まで本格的な症状が現われない。ということはこの事件の犯人が最初の犯行を行ってから16年たっているということから考えて，現在50歳前後と思われる。そして，多くのパラノイアと同様に独り暮らしか，年老いた両親と暮らしている。手書き文字から彼が，几帳面な性格であることが判る。品行方正な模範的な人間。ダブルのスーツをきてボタンをしっかり留めているような人物である。文章の不自然さから移民の可能性が高い。おそらくスラヴ系だ。ゆえにカトリック信者である。手紙の中で彼は長年重い病気に苦しんでいることを告白しているが，まだ生きていることから，結核か心臓病であると思われる。」
　翌1957年，犯人は決定的なミスを犯した。犯行声明文に「私はコン・エジソンの工場での仕事でけがをした。その結果私の人生は完全にダメになった。」と書かれていたのだ。この情報をもとに，1月27日にジョージ・メテスキーが連続爆弾犯人として検挙された。

メテスキーはブラッセルのプロファイリングに驚くほど合致している人物であった。彼は，ポーランド移民でカトリック信者，53歳の独り者で，年老いた2人の姉と暮らしていた。結核を患っており，几帳面な性格だった。そして，ダブルのスーツを好む彼は，検挙されたとき，そのボタンを残らず留めていたのだ。

> **解説** この事件が精神科医ブラッセル博士の名声を高めたのはいうまでもない。そしてこのような手法，つまり精神医学的な知識を使って犯人像を推測していく方法が犯罪捜査において有効な方法論になるということを多くの人に印象づけた。しかし，この事件が偶然的な部分も含めてあまりにも犯人に合致していたので，プロファイリングが多少なりとも過大評価された可能性もある。

＜ボストン絞殺魔事件＞

マッド・ボンバー事件で，犯人を見事に的中させたブラッセルの快挙によって，心理学や精神医学の知識が犯罪捜査，とくに我々の理解が困難な異常犯罪の捜査に有効なのではないかという可能性が多くの捜査担当者に認識された。そこで，当時，世間を騒がせていたいくつかの異常犯罪事件の捜査にこの手法が用いられることになった。その一つがボストン絞殺魔事件である。この事件は，1962年6月からボストンで発生した連続殺人事件である。犯人はストッキングやバスローブのひもで被害者を絞殺し，遺体の性器を露出させて入室するものが真っ先に目にするようにする。絞殺に使用したひもは，あごの下で蝶結びをするという手口であった。この事件では，ブラッセルを含む7名の高名な精神医学者からなる諮問委員会が犯人像の推測を行うことになった。この事件の被害者は大きく二つの年齢層に分かれていた。つまり，55歳から100歳以上までの老女と19歳から23歳までの若い女性である。この手がかりから，諮問委員会は犯人は2人いるという結論を導いた。老女を殺害したのは，支配的な母親に育てられたために高齢の女性に敵意を表現できない独居の男性であり，若い女性を殺害したのは，同性愛の男性で被害者の知人であるというものであった。ところが，実際に検挙されたのは，アルバート・デサルボという一人の男であった。彼はすべての犯罪を自供した（ただし，証拠が十分でなかったため，司法取引で終身刑になり，ボストン絞殺魔としての事件では裁かれていない。彼は後に刑務所で殺害された）。

> **解説** この事件は，たとえ，精神医学の知識を持ってる専門家が集まっても，その知識を実際の犯人探索に用いる方法論が確立されていなければ，有効に犯人像を推測できるわけではないということを明らかにした。この点はその後，FBIやリバプールでプロファイリングが作られる際に考慮されるポイントとなった。また，日本でのプロファイリングの導入においてもやはりこの点には留意がなされた。

2 FBI方式のプロファイリング

　FBIアカデミーの行動科学科の教官たちは，ベテランの捜査官を対象としたゼミナールを行っている中で，各自の経験を持ちよってディスカッションしていくことによって事件の犯人のイメージをある程度，推測できるということを感じていた。そこで，1960年代後半から，この方法で連続殺人事件の犯人を推定するという試みを始めた。ちょうどこのころに，連続殺人といわれる現象がアメリカ全土で発生しており，検挙されないまま多くの犯人が全国に潜伏しているのではないかということがわかってきたからである。連続殺人でない多くの殺人事件は，被害者と犯人の間に恋愛関係や金銭関係のもつれ，怨恨などの事前の人間関係があるために，人間関係をたどって犯人を捜し出すことができるのに対して，連続殺人の場合，事前のVO関係（被害者-加害者関係）がないため人間関係をたどる方法では，犯人にたどり着かない。そこでもし，事件現場から犯人像を推定できるならばそれは強力な捜査ツールになる可能性があったからである。

　2章でも述べたように，彼らは，連続殺人事件の現場は秩序型と無秩序型という，二つのカテゴリーに分類することができるということを明らかにした。そして，それぞれのカテゴリーごとに典型的な犯人のタイプが存在することも示した。これは，事件現場の特徴からその事件の犯人をある程度推定することができることを意味している。これがFBI方式のプロファイリングの基本的な原理である。

3 FBI方式のプロファイリングの展開と限界

　FBIのプロファイリング研究は連続殺人事件捜査への応用からはじまったが，その後，その他のさまざまな犯罪についても拡大していった。具体的には，放火，ストレンジャーレイプ（レイプの中で知人以外の者が犯人のレイプ），子どもに対する性犯罪，テロリズムなどである。いずれもVO関係がなく，人間関係からの犯人の割り出しが困難な犯罪である。どの罪種の事件でも，基本

的には犯行現場をタイプ分けし，そのようなタイプの犯罪を行う可能性のある犯人像をリストアップしておき，実際の事件にそれを当てはめていくという方法がとられる。

ただし，FBIのこの方式には大きな弱点がある。それは，犯罪の類型が必ずしも完全にできるわけではないからである。たとえば，連続殺人の場合，秩序型と無秩序型の特徴を併せ持ったタイプの事件が起こることがある。具体的には，言葉でだまして被害者を誘拐するが，銃などを用いて被害者を殺害し，その後にサディスティックな行動をし，遺体を放置するなどのタイプである。

このようなタイプは混合型（ミックスタイプ）と分類されるが，タイプ分けに基づいたFBIのプロファイリング方式では，正確な分析が難しくなり，結局のところ，プロファイラー（プロファイリング担当の職員）の経験に基づく非科学的な判断になってしまう。そして，じつはこの混合型は無視できないほど多いということがわかっている。

そのため，FBI方式のプロファイリングはアメリカの警察などを除けば，警察実務や研究の中では必ずしも主流ではなく，日本の警察実務の中でも使用されていない。

4 リバプール方式のプロファイリング

(1) リバプール方式のプロファイリングとは

リバプール方式のプロファイリングは，イギリスの心理学者デビッド・カンター（David Canter）が開発し発展させたプロファイリングの方法論である。FBI方式が捜査官が経験に基づいて作成した事件現場と犯人のタイポロジーを，おもに用いるのに対して，リバプール方式は，研究者が数多くの犯罪のデータを統計的に分析して作成するところに特徴がある。カンターがよく用いているのは，犯罪についての多変量データを空間上にマッピングする方法論である。リバプール式プロファイリングは，犯罪についての多量のデータから法則性を見いだしていくという方法論であり，また比較的高度な統計分析を使用するために，心理学というよりはデータマイニング，統計解析的色彩が強い。

(2) リバプール方式プロファイリングの例

　たとえば，連続殺人事件について分析しようとすれば，その事件のデータを大量に集めて，そのデータを最小空間分析（多次元尺度構成法の一種）という方法を用いて空間的にマッピングする。この方法で連続殺人事件を分析した結果を図10-1に示す。

　ここで近接した点は同じ犯人が同時に取りやすい行動，離れている点は同じ犯人が同時には取りにくい行動を意味する。たとえば，「遺体の腹を裂く」という行動は，「性器に対する傷害」と同時に起きやすく，「銃の使用」と「猿ぐつわをする」は同時に起きにくいことを意味する。そして，この図では中央にいくほど多くの犯人が行いやすく，周辺にいくほど一部の犯人しか行わない行動になっている。

　つまり周辺部分はそれぞれの犯人の特徴を示す行動となっている。そこで，中心部分から周辺部分への方向をもとにして，犯人のタイプ分けを行うことが

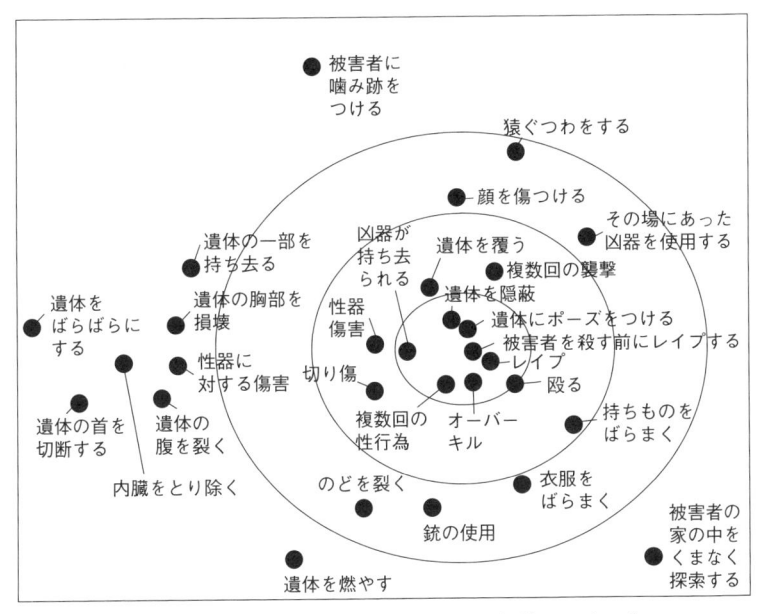

図10-1　連続殺人事件における犯人の行動マッピング

可能になる。これを犯行のテーマ分析という。同一の犯人の場合，同一のテーマで犯罪が行われることが多い。ある地方で三つの殺人事件が起きたとしよう。この場合，警察ではどの殺人とどの殺人が同じ犯人によって行われたのかを推理しなければならない。この図を使用して，それぞれの犯人の犯行テーマを分析することによって，どの犯罪とどの犯罪を同一犯人が行ったのかをある程度推測することが可能である。例えば，このうちの二つの事件では，犯人は「遺体をばらばらに」し，「首を切断」していたとし，残りの事件では，「被害者の家の中をくまなく探索」していたとすれば，前二者は同一の犯人，三つ目の事件は，違う犯人だと推定することができる。これをリンク分析という。また，この図の中には，犯人の行動しか書かれていないが同じ図の中に犯人の属性，たとえば職業や結婚の有無，年齢，知能などの情報をマッピングしていけば，犯人状況から犯人の属性をプロファイリングすることが可能になる。

＜ロンドンの鉄道レイプ犯とデビット・カンターによるプロファイリング＞

　1982年ごろから，ロンドンで連続レイプ事件が発生していた。はじめのころは共犯者とともに行われていたが，1984年ごろから単独の事件も発生していた。そして，ついには殺人事件も発生した。これらが同じ犯人によって行われたことはDNA鑑定からも明らかであった。犯人は，ひもを使って被害者を縛り，衣服を切って猿ぐつわにする点，レイプの後に被害者の体を拭いたティッシュを燃やす，犯行後に被害者の名前を聞き出したり，帰り道を教えたりする，などの共通する犯行パターンを示していた。しかし，犯人の目星はまったくつかなかった。当時サリー大学にいたカンターは，ロンドン警視庁からこの事件の捜査を依頼された。これがカンターが扱った最初の事件である。カンターは当初，FBIが使用しているような方法でプロファイリングを行おうと思ったが，FBIの方法の詳細は不明であり，その方法で犯人像を突き止めるのは難しかった。そこで彼は自分なりの方法で，犯人を推定しようと考えた。

　彼は環境心理学者だったので，まず，1982年から1986年にかけての犯罪の発生場所を地図上にマッピングするところから始めた。その結果，事件の発生している範囲が次第に拡大していることが示された。ここから彼は，犯人の居住地が最初の事件の発生地点周辺にあり，次第にエスカレートしてくると被害者を捜すために別の地域に移動するようになったのではないかと推論した。また彼は，犯人が被害者の名前を聞き出したり会話をしていることから，犯人は女性に関して一方的な敵意を持った人間ではなく，このように知らない女性にも拒絶を恐れずに普通に接することができ，過去にもそのようなことをしている可能性があることから既婚の可

能性があることが考えた。一方で彼は暴力的なので，妻との関係は搾取的であり，おそらく，夫婦関係は破綻している可能性がある。おそらく犯行がエスカレートしたタイミングで夫婦間に何かがあったのではないかと考えた。一方で彼の支配性であるが，実際に犯行現場において彼の行動はコントロールがとれていて計画的であった。また，レイプに必要な支配的な暴力しか行っていないところから，回りからはとくに強くて強引な人物であるとは思われていないだろうと推論した。ただし，彼は基本的には暴力的な人間であるので，ほかの状況では，コントロールが弱まって暴力性が顕在化することもあるのではないかと考えた。例えば，彼はパブでのけんかやDVなどを引き起こしている可能性がある。また，犯人の年齢については，20代後半という仮説を出した。この手の計画的な暴力犯罪は年齢層としては30代以降にみられやすいものであるが，一方でレイプ事件は20代にみられやすい犯罪である。そのために犯人の年齢はこれらの接点である20代後半ではないかと推論したのだ。

　この事件では，その後，ジョン・ダフィーという男が犯人として検挙された。この犯人の特徴は，カンターのプロファイリングとほぼ合致していた。捜査員の言葉を借りれば，「どうしてわかったのでしょう？　あなたのプロファイルはじつに正確で有用でした」というものであった。カンターはこの経験から，心理学を利用したプロファイリングの可能性に気づき，本格的に研究を開始したのである。

> **解説**　カンターのプロジェクトには2名の警察官が助手として参加した。しかしながら，警察当局としてはそもそもこのプロジェクトにそれほどの期待をしておらず，まさに「藁をもつかむ」気持ちの「藁」の役割だったという。

5　地理的プロファイリング

　地理的プロファイリングは地理情報を利用したプロファイリングで，おもに連続犯罪の犯人の居住地や次の犯行地点を推測するための方法である。地理的プロファイリングもはじめに研究を行ったのは，デビット・カンターである。

(1) 犯人の居住範囲の推定

　カンターは，連続犯行の犯行地点を地図上にプロットして，その中の最も離れた2点を結ぶ円を描き，その円の中に犯人の拠点（自宅や職場など）があるという円仮説を提案した。

　彼は，この仮説の妥当性を示すためにイギリスで発生した連続性犯罪者45名，合計251件の犯行パターンを分析した。その結果，45人中41人がすべて

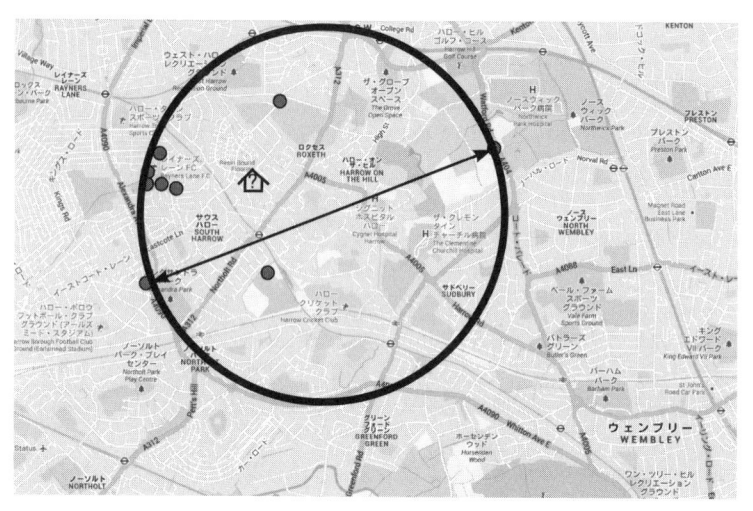

図 10-2　カンターの円仮説の模式図

の犯罪を上記の円内の中で行っており，また，残りの4名についてもそのほとんどの事件が円内で行われていることが示された。また，その後，日本においても鈴木（2000），三本・深田（1999），羽生（2006）などがそれぞれ独立した研究で連続放火事件の70～76%で犯人が円仮説に当てはまる行動をしていることを示し，オーストラリアにおいてはミーネイ（Meaney, 2004）が連続放火と連続性犯罪の90～93%が円仮説に当てはまることを示している。ただし，ミーネイは，連続侵入窃盗では円仮説に当てはまるのは30%程度にすぎないということも示しており，円仮説が成り立つかどうかは罪種とも密接に関連している。

(2) 犯人の居住地点の推定

円仮説は，連続犯行のパターンと犯人の居住地・拠点を推定するために最初に作られた仮説であるが，これを犯罪捜査に用いるとなると非常に大きな問題につきあたる。それは，推測される範囲が非常に広くなってしまうということである。できれば，ピンポイントで犯人の居住地を推定するか，あるいはせめてこの範囲をもうちょっと絞ることはできないだろうか。そこで考えられた仮説が円心仮説である。これはカンターの円仮説の円の中心部分に犯人の拠点が

あるというものである。これは直感的にわかりやすい考えである。また，次に考えられたのが重心仮説である（Kind, 1987）。連続犯罪の犯行地点は円仮説の円の中にまんべんなく広がっているというよりもむしろ一方に集中しており，いわば涙型の分布をしていることが多い。そこで，円心でなく重心（犯行地点が集まっている方向に円心よりもずれる）に犯人の居住地があるというのである。カンターのデータを見てみると，犯人の居住地は円心というよりもむしろ，円周に近い部分にあることが多いことがわかるので，円心仮説よりは重心仮説のほうが正しい可能性があるが詳しいことはわかっていない。また，ピンポイントでなく円仮説よりも範囲を狭めていく方法としては，三本・深田による疑惑領域モデルや，凸包ポリゴンモデルなどが提案されている。

＜ワシントン・ベルトウェイ連続狙撃事件と犯人の居住地＞

　2002年10月にアメリカのワシントンDCを中心として，メリーランド州とバージニア州にまたがって「ワシントンベルトウェイ（環状道路）連続狙撃事件」が発生した。犯人は狙撃用ライフルを使用して，ガソリンスタンドで給油していた人や郵便局やショッピングセンターの駐車場にいた人を狙撃用ライフルを使用して次々に狙撃した。犯人は一発で被害者の胸や頭を撃ち抜いた。この事件のため，周辺の人びとはパニック状態となり，町からは，人影が消えた。幸いなことにこの事件の犯人は10月23日に検挙された。アレン・ムハマドとリー・マルボという二人組

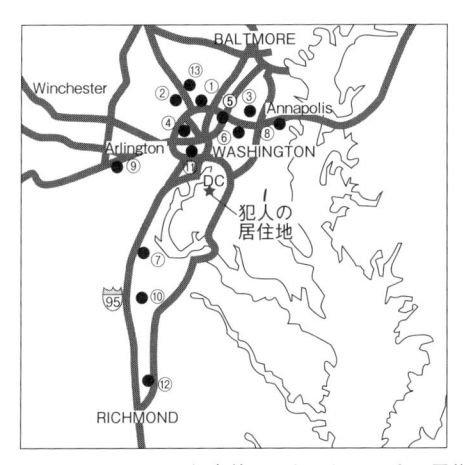

図10-3　ワシントン狙撃事件の犯行現場と犯人の居住地

が犯人だったのだ。射撃事件が発生した地点と犯人の居住地のメリーランド州クリントンの位置を図 10-3 に示す。犯行現場が涙型の形状をしていることや円仮説の円心というよりは重心近くに犯人の居住地があることがわかる。

＜ヨークシャー・リッパー連続殺人事件と犯人の居住地＞・・・・・・・・・・・・・・・・・・

　ヨークシャー・リッパーことピーター・サトクリフ（Peter William Sutcliffe）は，1975 年 7 月から 5 年間にわたり，13 人を殺害，重軽傷 7 人を出したイギリスの連続殺人犯人である。彼は，おもに街頭で客引きをしていた売春婦を，ハンマーで殴打して気絶させてから何回も刺して殺害し，胸や尻などを露出させて遺棄するという手口で犯行を繰り返した。この事件の捜査は長期間にわたり難航した。犯人の犯行現場（番号は犯行順）とサトクリフの居住地をプロットしたものを図 10-4 に示す。犯人の居住地が円仮説の中心というよりは重心に近い位置に存在すること，全体的に涙状の犯行地点の分布となっていることなどが読み取れる。

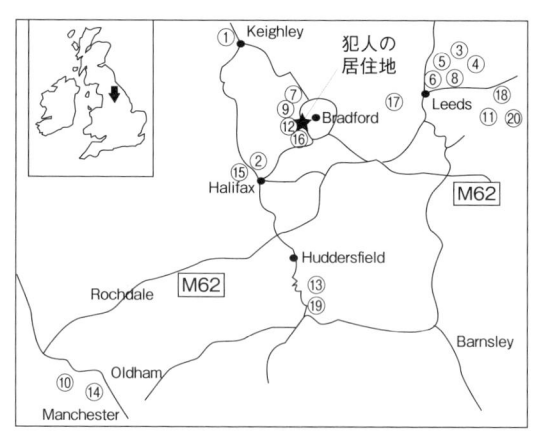

図 10-4　ヨクシャー・リッパー連続殺人の犯行場所と犯人の居住地

(3) バッファーゾーン

　犯人の拠点と犯行地点の関係においてはもう一つ興味深い現象が知られている。それはバッファーゾーンといわれる現象である。これは犯人は自宅（や拠点）の周辺では事件を行わず，自宅からある程度の距離を置いたところで犯行を行うという傾向である。一方で犯人の多くは事件を行うために長距離を移動することもないので，結果的に犯人の犯行地点を 2 次元マップ上にプロットす

ると，拠点を中心としたドーナツ状になることが予想される。犯人の拠点の周りで犯行が行われない部分のことをバッファーゾーンという。この現象を最初に確認したのは，キム・ロスモ（Kim Rossmo）で，彼はバンクーバーの連続レイプ犯のジョン・ホートン（John. H. Oughton）の79件の犯行について自宅と犯行地点の関係を分析し，犯行が自宅から10～15キロの部分で発生しており，それよりも近くなっても遠くなっても事件が減少することを明らかにしている。また，ウォレンら（Warren et al., 1998）はアメリカのレイプ犯108人の565件のレイプ事件を分析し，バッファーゾーンの幅は犯人ごとに異なっていることを示した。

(4) 次の犯行地点の予測

　地理的プロファイリングの目的の一つはいままで見てきたような犯人の居住地の推定であった。もう一つの目的は連続犯行における次の犯行地の予測である。たとえば，被害者–加害者間に人間関係のない連続放火事件などは事件の遺留品などから犯人を突き止めることが困難であることから，あらかじめ犯行日時と場所を予測してその場に捜査員を配置する要撃型の捜査を行うことができれば効率的に犯人を検挙することができるからである。次の犯行地の予測についての研究も最初に行ったのは，デビット・カンターである。カンターは，犯人の拠点と最初の犯行地点を地図上にプロットした場合，犯人は，次の犯行を拠点の反対側の方向で行うのではないかと考えた。また，第3の犯行は第1，第2の犯行地点とはまた異なった方角で行うのではないかと考えた。同じ方角で行えば，検挙される可能性が高まると犯人が考えると予想したのである。ベーカー（Baker, 2000）はこのような傾向が本当に存在するのかを検討するためにイギリス南部の町で発生した窃盗事件32系列を分析し，犯人の住居と第1から第5までの犯罪地点の平均距離を算出し，それを多変量解析によって2次元にマッピングした。その結果を図10-5に示す。

　この図を見るとカンターの予測はある程度当たっていることがわかる。ただし，犯人の拠点と犯行地点を結ぶ直線を引いたとき，次に犯行地点がそこから180度反対になることはそれほど多くなく，しかも罪種によってこの角度は異なってくるということが指摘されている。たとえば，グッドウィルとアリソン

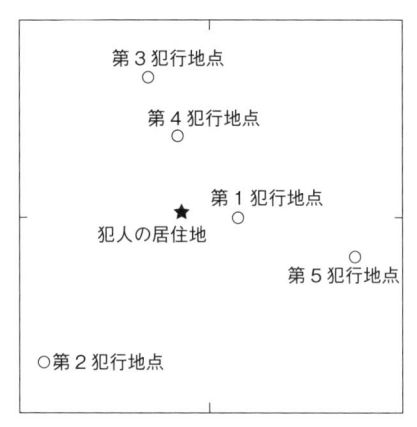

図 10-5　ベーカーによる連続犯罪地点の MDS 分析の結果

(Goodwill & Alison, 2005) は，この角度が連続侵入窃盗では，30 〜 60 度，連続レイプでは 60 〜 90 度，連続殺人では 90 〜 120 度になることが一番多いことを示している。

6　日本警察へのプロファイリングの導入

　日本警察へのプロファイリングの導入は科学警察研究所の田村雅幸を中心として 1994 年ごろに経常研究の一つとして開始された。きっかけの一つとしては宮崎勤事件などの凶悪犯罪の発生があった。その後，特別課題研究としてバラバラ殺人事件や年少者レイプ事件などについての研究が行われるとともに，FBI やリバプール大学などに研究員を派遣し，日本へのプロファイリングの導入の基礎が作られた。その後，1997 年には神戸児童連続殺傷事件などが発生するとともに研究はさらに進展し，各県警の科学捜査研究所などと協力しながら，犯罪捜査実務へのプロファイリングの導入が進展した。プロファイリングには，大きく分けて FBI 方式とリバプール方式があるが，FBI 方式に比べ柔軟性や応用可能性があるリバプール方式がおもに採用されることになった。現在，日本のプロファイリング研究は世界でも最先端のものになっている。また実務においてもプロファイリングを実施した事件は年々増加しており，その利用実績においても世界でも有数のものになっている。警察庁法科学研究所にお

いては，各県の科捜研や捜査員を対象としてプロファイリング担当者を養成する講習を定期的に開催しており，この講習の修了生が各県のプロファイリング実務を担い始めている。これらのことから日本警察においてもプロファイリングは，捜査手法の一つとして確立しつつある（渡邉，2005）。

＜神戸連続児童殺傷事件＞

　神戸連続児童殺傷事件は，1997（平成9）年に兵庫県神戸市須磨区で発生した当時14歳の中学生による連続殺傷事件である。最初の事件は，路上で小学生2名をゴム製のハンマーで殴り，1人に重傷を負わせた事件である。第2の事件は，その約1か月後，小学校4年生の女子児童をだまして学校に連れ込んだ後，金槌で頭を殴って殺害した事件である。そして，第3の事件は，その約2か月後，顔見知りの11歳の少年をタンク山といわれている裏山に連れ込み，首を絞めるなどして殺害した事件である。第3の事件では，犯人の少年はいったん遺体を隠した後，翌日に再び現場に戻り，糸のこぎりで頭部を切断したり，ナイフで遺体を傷つけたりした。その後，頭部を家に持ち帰って洗浄し，翌日未明には遺体を自分の通う中学校の校門に放置した。遺体の頭部には，捜査を攪乱するためにみずからを「酒鬼薔薇聖斗」と名乗った犯行声明の手紙を添えた。この手紙の文面は以下のとおりである。「さあゲームの始まりです，愚鈍な警察諸君，ボクを止めてみたまえ，ボクは殺しが愉快でたまらない，人の死が見たくて見たくてしょうがない，汚い野菜共には死の制裁を，積年の大怨に流血の裁きを」。この事件では最終的に中学生の犯人が検挙された。犯人の中学生は比較的早い段階から捜査線上に浮かんでいたという。少年は医療少年院に送致された。

　解説　この事件は，まさに劇場型犯罪の様相を呈し，マスコミは事件の進行とともに犯人像の推定に奔走した。著名人などが「犯人は30代から40代の男性で，高い教育水準，複数犯の可能性もある」などと好き勝手な犯人推測を行った。もちろんそのほとんどはまったく外れていた。このようにプロファイリングの知識や方法論なしに犯人を推測していくという方法はほとんど役に立たず，しばしば捜査を混乱させることになる。

プロファイリングのまとめと設問

キーワード　FBI方式，連続殺人，秩序型，無秩序型，リバプール方式，デビット・カンター，多次元尺度構成法，最小空間分析，地理的プロファイリング，円心仮説，重心仮説，バッファーゾーン，田村雅幸，科

学警察研究所，科学捜査研究所

設問 1) FBI式のプロファイリングとリバプール方式のプロファイリングについてその違いを説明しなさい。

2) 犯人の居住地や次の犯行場所などの地理的な情報を推定するプロファイリングの手法について説明しなさい。

3) 日本の警察がFBI方式でなくリバプール方式を導入した理由について考察しなさい。

第11章 虚偽検出

1 トリックを使った虚偽検出

　人のウソを見破ることができれば，それは犯罪捜査場面において強力なツールになるのは間違いない。犯罪者の中には，素直に罪を認めない者やニセのアリバイを主張する者も少なくないからである。そのため，犯罪捜査に携わるものは昔から常にウソの見破りについて興味や関心を持って研究を続けてきた。

　最も古典的なウソ見破りの方法は，トリックを使用したものである。たとえば古代の日本では，盟神探湯（くがたち）といわれた神明裁判が行われていた。これは犯罪等の容疑者に，神に自分の潔白を誓わせた後で，釜で沸かした熱湯の中に手を入れさせる方法である。ウソをついていないものは，神に守られるので火傷せず，罪のある者は大火傷を負うとされているものである。もちろん，実際にはこのようなことはあり得ないが，熱湯の中に疑いなく手を入れようとするものは真実を言っていると判断することができる（実際に手を入れさせる必要はないので，湯に手を入れる直前に止めることも可能である）。ほかには，「真実の山羊」といわれる方法が知られている。トリックを使った方法は，現在でもさまざまな文脈で使用されている。たとえば，その容疑者が本来知るはずのないことを誘導して「うっかり」言わせてしまうことによって犯人を見つける方法などである。トリックを使った方法は特段の道具を使わない方法であるし，知的パズルのような側面も持っているので，しばしば推理小説やドラマなどに登場する。

＜犯人を見つけるための古典的な方法：真実の山羊＞

　いま，ある村に泥棒の容疑をかけられた男が3人いたとしよう。この3人のまえに山羊を連れてくる。そして「この山羊は真実の山羊といって，しっぽをつかんだままウソをいうと，メェ〜と鳴くんだ」という。その後，真実の山羊を暗い納屋の中に入れ，容疑者に一人ずつ納屋に入ってもらい，「しっぽをつかんで，納屋の外に聞こえるような大きな声で『私は犯人ではない！』と叫ぶように」と教示する。3人がひととおりこれをやり終えても山羊はまったく鳴かない。もちろん，真実の山羊などというものは存在しないからだ。次に3人の手のひらを確認する。じつはこの山羊のしっぽにはすすが塗ってあり，しっぽをつかむとそのすすが手のひらにつくように細工してあるのである。犯人でなければ，もちろんしっぽをつかんで叫ぶのであるが，犯人は暗い納屋に一人で入っているのをいいことに（外からはばれないので）しっぽをつかまずに叫ぶことが予想される。そのため，すすが手のひらについていない人物を見つければその人が犯人だということになる。この方法は，なかなか優れたトリックであるが，これを用いる前提としては，容疑者に「真実の山羊」という現象を信じさせることが必要である。そのため，現代社会でこの方法を用いることは難しい。

2 ノンバーバル行動からの虚偽検出

　我々は家族や知人など親しい人のウソを見破ることができることがある。その場合，彼らはなにか普段とは違った妙な行動をしていることや言い回しがおかしいことが多い。そこで，このような行動（ノンバーバル行動）や発言，声の特徴（パラ言語がかり）などを用いて，ウソを見破っていくことができないかという研究が行われた。

　この種の研究では，意図的にウソをつかせた人と本当のことを行っている人に行動の違いが生じるか否かについて調べる。ビレジはこの種の研究をまとめているが，その結果，ほとんどのノンバーバルコミュニケーションがウソと関係ないということがわかっている。ただし，ウソをついているときは，声のピッチが高くなる，会話のポーズが長くなる，手足の動作が少なくなる，顔面の皮膚温が変化するなどの行動は，ウソと関連しているとする研究もある（Vrij, 2000）。しかしながら，これらの手がかりも多くのデータをとって分析してみると統計的には有意な差がかろうじて示されるという程度のものであり，その

特徴がみられたからといってウソをついていると判断することはできないようなものであった。

　また，これらの手がかりは，いずれもウソそのものから発しているわけでなく，ウソをつくことによる緊張から発するものであった。それゆえ，その手がかりが現われたとしても，それが，ウソによって生じているのか，それとも単に緊張によって生じているのかについても明らかではないのも事実である。現在のところ，ウソを動作から判断することはほぼ不可能である。

　では，なぜ，家族や仲の良い友人などの場合には動作などからウソがわかることがあるのだろうか。これは普段のノンバーバル行動の頻度（ベースライン）を知っていることからそこからのずれを検出することによって可能になると思われる。しかしこの場合にも動作はウソ自体と結びついているというより，不安や緊張などとむしろ結びついているものである。

3　表情の偽装の見破り

　ノンバーバルコミュニケーションを用いた虚偽検出は困難であることが示されたが，エクマン（Ekman, 1992）はウソの一種である表情の偽装については見破ることが可能なのではないかと考えている。表情の偽装とは，実際には憎しみの感情にもかかわらず笑顔をつくるなどの行動のことである。彼は，自然な表情と偽装された表情の違いについて分析した。その結果，自然な表情は偽装された表情に比べて，左右対称であること。意図的に表情を偽装しようとする場合，一部の筋肉は偽装できるがすべての筋肉を偽装できるわけではないため，表情に不自然さがでてしまう，とくに表情を意図的に作る場合にあまり注意が向かない筋肉（信頼できる筋肉）に真の表情が現われてきてしまうことを明らかにした。また，これらの条件に加え近年，微表情という現象が明らかになった。これはある刺激を見てから偽装の表情を作るまでにある程度時間がかかるが，その前に実際の表情が現われてしまうという現象である。つまり，その一瞬の表情を読み取ることができれば真の感情が把握できることなる。

4 連想検査を使用した虚偽検出

　連想検査を用いた虚偽検出の手法は，C.G. ユングが提唱したものである。ユングは精神分析学者であったが，精神分析においては患者の無意識の中に抑圧されている欲求やコンプレックスをなんらかの方法で知ることが重要な診断方法の一つとなる。患者自身はそれに気づいていないので，さまざまな方法で外部からそれを知るための方法が開発されてきた。ブロイラーは催眠を，フロイトは自由連想法を用いたが，ユングが用いたのが，連想検査であった。これは，患者に何種類かの刺激語を呈示して，その連想語をできるだけ早く答えてもらうというものである。無意識に抑圧されたものに関連している言葉が刺激語の場合，反応時間が遅れたり，反応語が不適切なものになったり，1度目と異なった反応語が産出されたり（連想検査は2度行うのが基本である）する。これを手がかりに患者の無意識を推定していこうというのである。さて，ユングは犯罪者は捜査場面では，犯罪事実を抑圧しているので，この方法を使用すれば犯人を見つけることができるのではないかと考えた。つまり，犯罪関連用語に対する反応時間が遅くなったり，不適切なものになるだろうというのである。実際にユングはこの方法を使って犯人の識別に成功したという事例をその著書の中で紹介している。

コラム

ユングによる連想検査を用いた窃盗犯人の発見事例

　1908年2月6日，ユングの勤めている病院で窃盗事件が発生した。70フランの入ったハンドバッグが戸棚の中から盗まれたのだ。このとき，この病院に勤めていた看護師は6名。そのうち，バッグがある部屋に出入りした可能性があるのは3名だった。そこで，ユングはこの3名を対象にして連想検査を行うことにした。彼は事件関連語として，以下の単語を用意した。「戸棚，ドア，開いた，昨日，紙幣，金，お金，時計，毛皮……」。そして，これらの語をその2倍の数の中立語（事件無関連語）とともに容疑者の3人に順次呈示していった。容疑者はできるだけ早く連想語を答えなければならない。分析はいくつかの観点から行われた。一つは，事件関連語と中立語，そして，関連語の次の単語につい

ての反応時間の違いである。もう一つは，再生不全，つまり反応語に対する反応の失敗である。まず，反応時間の測定の結果は以下の表のようになった。Aは，中立語の反応は早いものの，関連語の反応は最も遅くなっているのがわかった。また，反応不全については，Aは34%，Bは28%，Cは30%となりやはりAが最も大きいことがわかった。これらのことからユングはバッグを盗んだのはAだと考えたが，その後，実際にAは犯行を自供した。

表11-1　反応時間の平均（中央値）

	中立語	関連語	関連語の直後の反応
A	10.0	16.0	10.0
B	11.0	13.0	11.0
C	12.0	15.0	13.0

コラム

心理試験

　江戸川乱歩『心理試験』は，連想検査を使用して犯人を発見するというアイデアを日本に紹介した推理小説である。しかも，江戸川乱歩はただそのアイデアを小説にするだけでなく，ひとひねりしていて大変優れた作品に仕上げている。この小説では，ある老婆が殺され，植木鉢の中に油紙に包んで隠してあった大金が盗まれるという事件が発生する。この事件の容疑者として，蕗屋清一郎という男と斉藤勇という男の2名が浮かんだ。状況的に考えて，このどちらかが犯人だと思われる。しかし，彼らは双方とも犯行を強く否認している。このような状況で，判事は連想検査を用いて犯人を見つけることを決心する。ユングのアイデアを使えば，その事件に関係している刺激語と，関係していない刺激語を混ぜて容疑者に呈示し，その反応時間を分析し，事件に関係している用語の反応時間が遅くなったほうがその事件の犯人だということになる。そこで，この2名に連想検査を行ってみた。その結果が表11-2である。
　刺激語に○がついているのが犯罪に関連した用語である。これを見て，このどちらの人物が犯人であるかわかるだろうか。この表を見てみると犯人は斉藤勇の可能性が強いようにも思われる。しかし，じつは，この事件の犯人は，蕗屋のほうなのである。蕗屋は，きわめて聡明な人物であった。そこで，判事から，犯人を見つけるために「心理試験」を行うと聞いたとき，連想検査が行われることを推測し，あらかじめ，訓練して，犯罪関連語でも素早く答えられるように練習してあったのだ。しかし，表11-2をよく見てみると，犯罪関連語の反応時間が，他のものに比べて非常に早くなっているということがわかる。これは

表11-2 「心理検査」における連想検査（江戸川，1987の表より抜粋）

刺激語	蘆屋精一郎 反応語	蘆屋精一郎 所要時間（秒）	斉藤勇 反応語	斉藤勇 所要時間（秒）
頭	毛	0.9	尾	1.2
長い	短い	1.0	紐	1.2
○殺す	ナイフ	0.8	犯罪	3.1
窓	戸	0.8	ガラス	1.5
○金	紙幣	0.7	鉄	3.5
冷たい	水	1.1	冬	2.3
病気	風邪	1.6	肺病	1.6
○松	植木	0.8	木	2.3
山	高い	0.9	川	1.4
○血	流れる	1.0	赤い	3.9
嫌い	蜘蛛	1.2	病気	1.1
○油紙	隠す	0.8	小包	4.0
女	政治	1.0	妹	1.3
料理	洋食	1.0	さしみ	1.3
○盗む	金	0.7	馬	4.1

逆に不自然なことである。名探偵明智小五郎は，この傾向に気づき，容疑者であるにもかかわらず，異常なほど早い反応時間で答えている蘆屋こそ真犯人であることを見抜くのである。

5 末梢神経系反応を利用した虚偽検出

(1) 生理学的虚偽検出の歴史

　ウソをつくと，緊張が生じ，その結果として心拍が増大したり血圧が増加したりすると思われる。このような生理学的な変化を利用して虚偽を検出できないだろうか。このアイデアを最初に試みたのは，ロンブローゾである。ロンブローゾは水を浸した容器の中に手を入れてその水位の変化を観察することによって心拍をモニターし，これによってウソを検出する装置を考案した。この装置は原始的なものであったが，このころから急激に進歩してきた生理学的反応の測定装置（このような装置のことをポリグラフという）を使用したウソ発見技術の研究が進展していった。心理学においてはとくに当時発見されてきた皮膚電気反応が注目を浴びた。しかしながら，この方法論は比較的すぐに限界

につきあたる。「あなたは〜さんを殺しましたか」あるいは「あなたは〜を盗みましたか」などと直接質問する方法で質問した場合，犯人でなくても，犯人であってもどちらでも被検査者は動揺し，生理学的な変化が生じるのでこの方法でウソを検出することはできなかったのである。

(2) コントロール質問法

そこで開発されたのが，コントロール質問法という方法である。これは，1947年にシカゴ警察研究所のリード（Reid）によって開発された技法であり，次のような原理に基づく。まず，最初にも記したようにウソ特有の生理的反応は存在しないことから，「あなたは○○さんを殺しましたか」という質問（このような直接的な質問を関係質問という）自体から，その被検査者が虚偽の返答をしているか否かは判断できない。そこで，他の質問の反応と比較して，その質問に対する反応の程度を確かめることで，被検査者がウソをついているかを判断することになる。この比較対照する質問であるが，「あなたは〜歳ですか」などの一般的な質問（これを無関係質問という）では，実際に犯人であろうとなかろうと「殺しましたか」のほうが反応が大きくなってしまうのは明らかなので，使えない。そこで，リードは次のような方法を考えた。つまり，今回のポリグラフ検査の対象事件ではないが，被検査者が犯したであろう犯罪についての質問を行い，それを対照として使うという方法である。具体的には「あなたは今の会社に入る前に，そこで盗みをしたことがありますか」などの質問を用いる。（この質問としては，被検査者が実際に犯したものであるが，この場では隠そうとするようなものが用いられる。よって，返答は「いいえ」となることが予想される）。もし，被検査者が本件の事件の犯人でなければ，本件の事件の犯人は自分でないということがわかっているわけなので，本件検査に関する質問よりむしろ，この検査で過去に自分が行っている犯罪がばれてしまう

表11-3 実際の犯人とそうでない人の対照質問法（CQT）における末梢神経系の生理的反応の変化の大きさ

実際の犯人	本件に関する質問（関係質問）＞	過去の事件に関する質問（対照質問）
犯人でない人	本件に関する質問（関係質問）＜	過去の事件に関する質問（対照質問）

＜，＞は反応の大きさを示す

ことを恐れ，そのような質問に情動的な反応がより大きく現われると考えられる。これに対して本件の事件の犯人は当面，現在疑いのかかっているこの事件の犯人が自分であることがばれてしまうことを最も恐れるために，過去の犯罪に関する質問よりも本件の事件に関する質問に対してより，情動的な反応が生じると考えられる。つまり，まとめると表11-3のようになる。

(3) 隠蔽情報検査 (CIT)

　コントロール質問法は確かに生理学的な方法を用いて犯人を識別することができる方法論であった。しかし，この方法は事前の面接など，検査者の熟練に大きく依存しているだけでなく，実際の犯人でない人を誤って犯人としてしまう誤り（フォールスポジティブ）が生じやすいということがわかっている。そこで開発された方法が，隠蔽情報検査（CIT）である。GKT（Guilty Knowledge Test；犯行知識検査），KS-POT（Known-Solution Peak of Tention test；緊張最高点質問法）などと呼ばれることもある。これらの方法は，現在の日本の警察における捜査実務においては，最も良く使用されている。これは次のような原理である。

　まず，事件に関するさまざまな事実の中から，マスコミなどによって報道されていない事実を抽出する。たとえば，犯人が被害者の背中を刺して殺害したという殺人事件があった場合，「背中を刺された」という情報が報道されていなかったとする。この場合，被害者が背中を刺されたという情報を知っているのは，捜査をしている警察と，そして犯人しかいないということになる。さて，このような状況下で表11-4のような質問のセットを用意する。このとき3番の質問を裁決質問，それ以外の質問を非裁決質問という。

　この質問を被疑者に行った場合，もし，被疑者が犯人ならば，3番の質問が「はい」となり，他の質問が「いいえ」となるわけであるが，このとおりに答え

表11-4　CITの例

	1.	犯人は○○さんの胸を刺しましたか（非裁決質問）
	2.	腹を刺しましたか（非裁決質問）
○	3.	背中を刺しましたか（裁決質問）
	4.	足を刺しましたか（非裁決質問）
	5.	首を刺しましたか（非裁決質問）

てしまえば，自分が犯人であることがわかってしまう。そこで，被疑者はすべての質問に「わかりません」と答えることになる。しかしながら，1, 2, 4, 5の質問に比べて，3番の質問に答える場合には，より緊張が高くなったり，不安感が高くなったりするような情動の変化が生じるはずである。このような自律神経系の変化は，外部からはわからないことも多いが，ポリグラフ装置によってモニターすれば，その変化を明らかにすることができる。

　一方，犯人でない被検査者の場合には，実際に1〜5のどれが実際の犯人の行動であるかはわからないわけであるから，すべての質問でほぼ同じ程度，緊張したり，不安を感じたりすることが予想される。そこで，被検査者にこのような質問セットを行ってみて，実際の犯人の行動と合致した選択肢に常に反応が生じたとすれば，その被験者本人は表面的には「知らない」といっているにもかかわらず，実際には犯人の行動を知っているに違いないと考えるのである。また，このようなCITでも，偶然，ある項目に反応が出てしまうこともある（たとえば，偶然にその項目のところで，別のことを考えたり，体を動かしたりすると反応が出てしまう）。そこで，実務においては，CITは，一つの質問表だけでなく，複数の質問表，一つの質問表も1回だけの質問でなく，最低3回，質問順序をさまざまに変えながら行うことが必要だとされている。

　CITの検査においては，事件を調査して適切な質問表を作成することが手続き上きわめて重要になってくるが，もし，適切な質問表を作ることができれば，その妥当性はきわめて高いということが，実験的な研究や，海外の実務的な研究，日本の警察における長年の実務経験や研究などから示されている。

(4) ポリグラフ検査における「反応」とは

　さて，ここまで裁決質問における反応，とだけ述べてきたが，実際にはどのような反応がみられるのだろうか。ポリグラフ検査においては呼吸の変化，皮膚電気反射，血圧などの反応の変化が測定されるが，CITの研究の結果，裁決質問において，呼吸に関しては呼吸速度の減少（呼吸の振幅が少なくなる，停止するなど），皮膚電気反応の上昇（皮膚コンダクタンス電位の増加），心拍の減少，脈波容積（毛細血管の収縮などを反映する血流量の減少）が生じることがわかった。ウソをつくと「ドキドキする」のを検出するのがポリグラフ検

査だと考えられることが多いが，実際には裁決質問では心拍が減少するのが興味深いところである。

(5) CQTによるポリグラフ検査の正確性

CQT，CITともにその検査がどの程度の正確性を持っているものなのかは大きな問題であった。そのため，多くの研究やその研究のまとめが行われている。表11-5は，ラスキンとホンツ（Raskin & Honts, 2002）が多くの研究結果を整理したものである。

縦軸は実際に犯人であったか（guilty），あるいは無実（innocent）であったのかをさしており，横軸は検査の結果，犯人であると判定したか（guilty），それとも無実である（innocent）と判定したかが示されている。実際には有罪の人を無実としてしまう誤りのことを「フォールスネガティブ」，実際には無実の人を有罪としてしまう誤りのことを「フォールスポジティブ」という。全体の92％で正しい判定が行われているが，フォールスポジティブが25％と大きい。つまり，この方法は，犯人でない人を「犯人」であると誤って判定する危険性が大きい検査だといえる。

表11-5　CQTの正確性（Raskin & Honts, 2002）

		検査結果	
		犯人	犯人ではない
実際	犯人（90人）	98%（89人）	2%（1人）
	犯人ではない（71人）	25%（12人）	75%（59人）

(6) CITによるポリグラフ検査の正確性

日本におけるCIT（KS-POT）を用いた実務検査の正確性については，奈良県警察の疋田が集計している。疋田が奈良県警で実際に行った1166件の結果（1971）について表11-6に示す。

この表でまず目につくのは実際の犯人を91.9％の確率で正しく識別できているという部分である。しかし，じつは最も重要なのは，実際には無実である人を誤って有罪としてしまう「フォールスポジティブ」率がきわめて少なく0.4％程度しかないというところである。なぜこのような高い精度が得られるかとい

図11-6 CITの正確性（疋田，1971）

		検査結果	
		犯人	犯人ではない
実際	犯人（234人）	91.9%（215人）	8.1%（19人）
	犯人ではない（932人）	0.4%（4人）	99.6%（928人）

えば，それはCITは，もし判定が難しければ多数の質問を行い確認していくことができるので，ある意味，質問さえたくさん作ることができれば，満足いく判断ができるまで検査をすることができるからである。警察の捜査において，ポリグラフ検査を使用するとき，誤って犯人でない人を「有罪」としてしまえば，その後の取り調べにおいて，強制的に自白させてしまうようなことも出てきてしまう可能性がある。また，容疑者も「ポリグラフ検査でクロとでた」などといわれると混乱して実際にはやっていないのに自供してしまう可能性も出てきてしまうかもしれない。これではえん罪事件につながってしまうことになる。そのため，このような「誤って有罪にすることがきわめて少ない」検査はその有用性が大きいのである。

6 日本の警察におけるポリグラフ検査の実務

(1) ポリグラフ検査の実務の実際

日本の警察においては，全国で年間5000件ものポリグラフ検査が実施されている。ポリグラフ検査を実施するのは各県の科学捜査研究所の職員で，警察官ではない研究職の鑑定職員である。ポリグラフを担当する職員のほとんどは大学や大学院で心理学を専攻したものである。彼らは警察庁の法科学研修所において共通した訓練を受けている。ポリグラフ検査の要請は警察署や刑事部の各部署から科捜研に依頼がくるところから始まる。担当となった職員は現場に出向いたり，事件に関する書類を閲覧して，事件を調査する。日本においてはポリグラフ検査はCITで行われるため，犯人を識別できるような質問を作成できるかどうかがこの段階では最も重要な調査項目となる。もし，事件に関する判明している事実のすべてが容疑者に知られてしまっていたり，報道されて

いる場合には質問が構成できないために検査を実施することはできない。検査を実施することになると，被検査者に書面で承諾を取りポリグラフ検査を開始する。検査に用いる装置は科学警察研究所がメーカーとともに開発したもので全国統一規格のものである。検査は警察官の立ち会いの下で研究職員が行う。職員ははじめにCITの質問項目を被検査者に伝え，この質問についての認識がないかを確認する。具体的には「Aさんはどこを刺されたのか知っていますか」などを改めて聞いていくのである。もちろん，犯人は認識はあるにもかかわらず，「知らない」と答えるだろうし，犯人でないものは実際にどこを刺されたのか知らないはずだからやはり「知らない」と答えるはずである。この質問の後で生理反応を測定しながら，CITの各質問を実施していくのである。各質問ごとに生理的な反応を測定しなければならないので，質問は5～10秒に1問くらいのペースで行われる。このようにして検査は1時間程度で終了する。この時点で被検査者が犯人であるか，犯人でないかはある程度わかるので，検査終了後に担当捜査員に結果を伝え，検査は終了する。被検査者に対しては鑑定職員は直接結果を伝えることはしない。その後，鑑定職員は鑑定結果をより精密に分析し，鑑定書を作成する。この鑑定書は裁判に提出されることもあり，証拠としても認められる。その場合には鑑定職員は出廷してみずからの鑑定についての証言を行うことになる。

(2) 誤ったポリグラフ検査の実施法

ポリグラフ検査は以上のような原理に基づいたあくまで鑑定として行われる検査であるため，次のような使用方法はできない。まず，CITの質問が作れない，つまり容疑者が犯行の細かい事実まですでに知っている場合である。これには，ポリグラフ検査実施前に長時間の取り調べをしてしまっているケースや，容疑者が第1発見者で現場のことをよく見ている場合や，事件が同じ職場内で起こっており社員全員が事件について多くのことを知ってしまっている場合などである。また，ポリグラフ検査はあくまで鑑定として行うわけであって，取り調べではないので，検査者が「反応が出ている」とか「おまえが犯人だということはわかった」，「そろそろ自供しろ」などということも言ってはいけない。もちろん，立ち会っている警察官も検査中は黙って見ているだけで，途中

で口を出すなどのことはしない。

7 中枢神経系反応を利用した虚偽検出

(1) 事象関連電位とは

　末梢神経系を使用したポリグラフ検査によってある程度実用性のある虚偽検出が可能になったことと，中枢神経系の活動をモニターする技術が開発されてきたことから，中枢神経系指標を使用した虚偽検出技法についての研究が行われるようになった。

　ここで注目されたのは事象関連電位（ERP）といわれる指標である。その中でも P300 といわれる電位が虚偽検出のために利用できるのではないかと考えられた。これは次のような課題を行う場合に生じてくる脳波の反応である。脳波を測定しながら，「ピッ……ピッ……ピッ」という音を聞かせ続ける，被験者にはこれが「ポッ」に変わったときにボタンを押すことが求められる。ポッはピッの十から数十分の一の程度の頻度で生じさせる。この手続きを行った場合に，「ポッ」のところで現われてくるのが，P300 である。

　これは，多数の刺激の中に含まれている少数の刺激が呈示されたときに現われる脳波のパターンである。この課題をオッドボール課題という。もちろん，脳波は非常に早い反応であるからその脳波のパターンを目視で把握できることはない。しかしながら，その部分を重ね合わせて加算することによってパターンが現われてくるのである。P300 というのは，刺激が現われてから 300mm

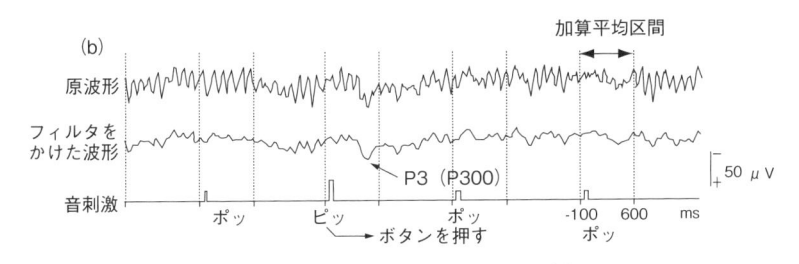

図 11-1　オッドボールについての図

秒後に現われる反応だからである。

(2) 事象関連電位を用いた虚偽検出

　脳波を用いた虚偽検出では，このP300を用いてCITと同様な方法で行う．被検査者の事象関連電位を測定しながら裁決項目と非裁決項目を順番に呈示していくのである．つまり，犯人でない人にとっては，すべての項目が「ピッ」に当たるわけでありP300は出現してこないが，犯人にとっては裁決項目が非裁決項目と異なった意味を持っておりそれゆえに「ポッ」にあたって，この部分でP300が現われるという原理である．もちろん，末梢神経系の指標と異なってそれぞれの項目は何度も何度も呈示されることになる．ただし，このオッドボール課題をそのまま用いることはできない．それは，本来の方法だと被検査者に「ポッ」のところでボタンを押すことが求められていたからである．被検査者に裁決項目のところだけでボタンを押させるわけにはいかない．

　そこで考案された方法が，3刺激オッドボール課題という方法である．これは，裁決項目と非裁決項目に加えて，ターゲット項目という項目を呈示し，被検査者にはターゲット項目が呈示された場合にボタンを押させるという方法をとる．もし，裁決項目がターゲット項目に近い事象関連電位を示した場合に犯人であり，裁決項目が非裁決項目に近い事象関連電位を示した場合には，犯人でないと判断するのである．ファーウェルとドンチン（Farwell & Donchin, 1991）はこの方法を用いて20人の犯人群，20人の無罪群を識別できるかの研究を行った．その結果，有罪群の90％，無罪群の85％を正しく識別すること

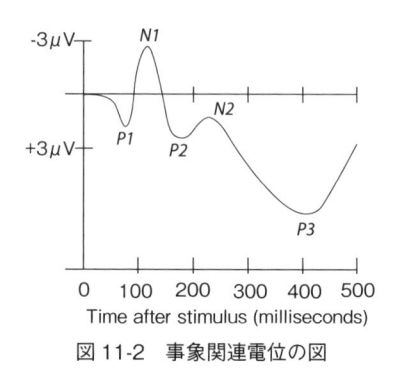

図11-2　事象関連電位の図

に成功した。また、平（1998）はこの方法が試みられた研究8個を統合すると、末梢神経系を用いた虚偽検出よりも検出精度の高い88.2%の正確性が得られるということや、事件発生から1年程度たった後でもチャンスレベルよりもはるかに高い精度で犯人を識別できることを明らかにしている。

ただし、この方法が末梢神経系を利用したポリグラフよりも実務捜査場面において、利用しやすいというと必ずしもそうとはいえない。とくに問題なのは、脳波の測定が繊細でちょっとした体の動きなどに影響を受けてしまうというところにある。実際、警察の捜査実務では、あまり積極的に協力しようと思わない人物を対象として検査を行わなければならないため、測定に被検査者の協力と忍耐の必要な事象関連電位を使用した方法は導入しにくいのは確かである。

(3) fMRIを使用した虚偽検出

事象関連電位が脳波を使用して虚偽を検出しようとする試みだったのに対して、その後の研究では、脳の活動をイメージングの手法を用いて直接観察することによってウソを検出する方法が研究されている。その一つの方法がfMRI（機能的磁気共鳴イメージング）を用いた方法である。これらの研究ではウソをついた場合活性化する脳の部位を特定し、その部分の活動の具合から虚偽を検出する方法であり、CITの方法論とは異なって直接ウソを検出することを目指している。しかし今のところ、活性化する部位も、前頭前野腹外側部、前部帯状回、両側前頭前野、右中前頭回などと一貫しておらず、さらなる研究が必要である。

虚偽検出のまとめと設問

キーワード トリックを使った虚偽検出、ノンバーバルコミュニケーション、表情の偽装、微表情、連想検査、末梢神経系、中枢神経系、ポリグラフ検査、CQT（コントロール質問法）、CIT（隠蔽情報検査）、GKT（犯罪知識検査）、ERP（事象関連電位）、P300、オッドボール課題、3刺激オッドボール課題、フォールスネガティブ、フォールスポジティブ、fMRI

設問
1) 虚偽検出の方法について今までどのような方法論が提案されてきたかについてと，それぞれの方法論の問題点について述べなさい。
2) ポリグラフ装置を使用した虚偽検出の方法について，その問題点とともに説明しなさい。
3) 脳科学の進歩によって虚偽検出の技術は，どのように変化していく可能性があるか説明しなさい。

第12章

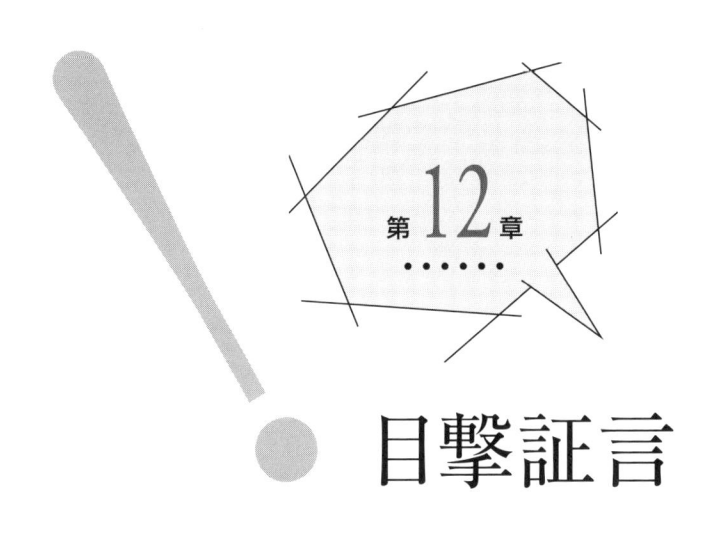

目撃証言

1 事後情報効果

(1) イノセンスプロジェクトと目撃証言の誤り

　犯罪捜査において目撃者や被害者の証言は重要な手がかりとなる。では，目撃者の証言はどの程度信頼できるのであろうか。

　アメリカでは，DNA鑑定技術が発展してきたことをきっかけに，刑務所に収監されている無実の人を見つけるというプロジェクトが1992年にシェック（Scheck, B.）とニーフェルド（Neufeld, P.）によって，イェシーバー大学のベンジャミン・カードーゾ法科大学院（Benjamin N Cardozo School of law）の活動として開始された。これをイノセンスプロジェクトいう。このプロジェクトはその後，多くの州，国に広がり，2011年までに292人（このうち17人が死刑囚）の無実を証明している。このプロジェクトでえん罪が発覚したケースを分析し，えん罪の原因を分類した結果を図12-1に示した。これを見てみるとえん罪原因の第1位は，目撃証言の誤りだということがわかる。

　日本では，アメリカなどに比べて捜査や裁判などにおける目撃証言の相対的な重要性は低いと思われるが，それでも，目撃証言をそのまま信じてしまうのは危険だという話は裁判官からも聞かれるのが現状である。

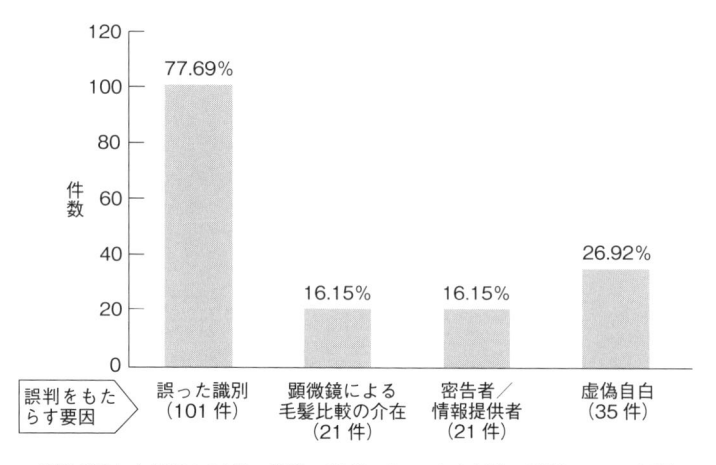

```
         120
             77.69%
         100
          80
       件  60
       数
          40                                           26.92%
                            16.15%   16.15%
          20
           0
      誤判をもた    誤った識別  顕微鏡による  密告者／   虚偽自白
      らす要因    （101件）  毛髪比較の介在 情報提供者  （35件）
                         （21件）  （21件）
```

冤罪が晴れた最初の74件の初期の調査には，これら以外の誤判の5つの原因についてのデータが含まれていた。血清学の介在（51％）；警察の不正（50％）；検察の不正（45％）；欠陥／不正化学（34％）：役に立たない／ろくでもない弁護士（32％）

図12-1　イノセンスプロジェクトにおける誤判の原因

(2) 事後情報効果

　目撃証言の誤りの中で，最も重要なものとして事後情報効果がある。これは，目撃した後に接触した情報によってもとの目撃記憶が影響を受けてしまうという現象である。ロフタス（Loftus, 1979）は，実験参加者に自動車事故を描いた一連のスライドを呈示した。このスライドには，自動車が『停止』標識の前で停まっているところが写っていた。この「目撃」のあと，参加者には「車が『徐行』標識で止まっているときに，別の車が前を通っていましたか」と質問した。実際には『停止』なので，ここで間違った事後情報を含む情報を参加者に与えたことになる。その後，実験参加者に「実際に目撃したスライドはどちらですか」として，車が『徐行』標識が写っているスライドと，『停止』標識が写っているスライドを選択させた。その結果，事後情報を与えなかった場合には，75％の参加者が正しく『停止』を選択したのに対して，事後情報を与えた場合には41％しか正しく『停止』を選択することができず，59％が誤って『徐行』を選択してしまった。

　これは，目撃者が実際の目撃の後で取り調べの中で，あるいはマスコミ報道

表12-1　ロフタスの実験の結果

	統制群	実験群
「停止」標識を選んだもの	75%	41%
「徐行」標識を選んだもの	25%	59%

の中などで別の情報に接してしまった場合，その情報がもとの記憶の中に混入してしまう可能性があることを示している。また，ロフタスはこのようにあとから入ってきた情報がもとの記憶を不可逆的に「上書き」してしまい，もとの記憶を復元することはできなくなってしまうことも示している。

(3) フォールスメモリー

　事後情報効果は，事後に入ってきた情報が記憶に混入するということであったが，この最も極端なケースがフォールスメモリーといわれている現象である。これは，実際には体験していない出来事の記憶が作られてしまうという現象である。ある出来事を一生懸命思い出そうとして空想を働かせたり，イメージ化したりすることによって，それが事後情報効果を引き起こしたり，さまざまな過去の記憶の断片が結合されて存在しない記憶が作られてしまうのである。

　フォールスメモリーの最も典型的なケースとしては，偽りの記憶症候群がある。これは不安などの精神障害の原因は，子どものころの親からの性的虐待にあるという前提で心理療法を行っていた精神分析療法の患者のなかに，実際に存在しなかった幼児のころの親からの性的虐待の記憶を想起してしまい，結果として両親を訴える人たちがアメリカとイギリスで続発したという事件である。

　また，取調室などの孤立した環境で捜査員から犯人扱いされて長時間取り調べられる中で，実際には自分がやっていない事件について自分でやったかのような記憶が作られてしまい，虚偽の自白をするケースも存在するのではないかと考えられる。

2 子ども・高齢者の目撃証言

(1) 子どもの目撃証言

　子どもに対する性犯罪や子ども虐待などの犯罪では，子どもの証言は捜査における数少ない情報となるし，また裁判においても重要な証拠となる。では，子どもの証言は成人の証言と比べてどのような特徴を持っているのだろうか。まず，最初にいえることは質問の形式と得られる情報，そして誤りのパターンには密接な関係があるということである。

　グッドマンとリード（Goodman & Reed, 1986）は，3歳児，6歳児と成人にある出来事を目撃させ，その出来事についてさまざまな質問形式で質問する実験を行った。その結果を図12-2に示す。6歳以下の子どもが答えやすいのは「犯人は男でしたか，女でしたか」とか「お父さんはあなたをベルトでたたきましたか」などのイエス＝ノーで答えられるような二者択一式の質問や「犯人は何を持っていましたか」とか「犯人はどっちに逃げましたか」などのクローズ質問，何枚かの写真の中から犯人を識別する写真同定である。このような質問は場合によっては成人と同じ程度の正答率が得られる場合もある。一方，子どもが苦手なのは，誘導的な質問である。これは実際には，目撃していない人物などについて質問し，誤って答えてしまうほうがどうかでテストされる。一

	3歳児	6歳児	成人
客観的な質問 （17問中正解数）	10.00	11.75	12.68
誘導的な質問 （4問中正解数）	1.35	2.21	3.06
自由再生 （正再生項目数）	0.83	5.50	17.68
自由再生 （誤った再生項目数）	0.61	0.91	2.25
写真同定 （正答率）	0.38	0.93	0.75

図12-2　グッドマンとリードの実験結果についての表（Goodman & Reed, 1986）

般に年齢が低い程，誘導的な質問に「ひっかかって」しまう傾向がある。

また6歳以下の子どもがもっとも答えにくいのは「何が起こったのですか」，「そこで起きたのはどのようなことですか」などのオープン質問といわれるものである。しかしながら，オープン質問で子どもが答えた情報には誤りが極めて少ないということがわかっている。

＜甲山事件裁判と子どもの証言＞

●事件の概要

甲山事件は，兵庫県西宮市の知的障害者施設・甲山学園で発生した事件である。1974年3月17日，まず園生の女児（12歳）が行方不明となった。続いて同月19日，園生の男児（12歳）も行方不明となった。ふたりは，19日に浄化槽から遺体となって発見される。警察は浄化槽のふたが重くて子どもの力では動かせないことから殺人事件として捜査し，外部からの侵入は困難であることから，アリバイがなかった保育士Yを犯人として検挙した。しかし，この保育士が犯人であるという証拠は乏しく，警察は，証拠不十分でYを釈放。その後，遺族側が検察審査会に不服を申し立て，検察審査会は，「不起訴不当」の議決を出したため，警察・検察は再捜査を開始した。再捜査の結果，園児から「Y先生が園児を連れ出すのを見た」という証言が得られたとして，事件から4年後の1978年にYが再逮捕され，同年殺人罪の容疑で起訴された。このあと，20年以上にわたって裁判が繰り返され，最終的には1999年にYの無罪が確定した。

●子どもの証言の問題

Yの再逮捕のきっかけになったのは，事件後3年以上たってから出てきた子どもたちの証言である。子どもたちはY先生が被害者の児童（2番目にいなくなった男児）を無理矢理どこかに連れて行ったのを見たというのである。ちなみに当初の捜査では，子どもの目撃証言は一人しか得られておらず，このときもY先生が被害児童を呼びに来て一緒に歩いて行ったのを見たという程度の供述しか得られていなかった（しかも，このような出来事は頻繁にあるため，事件当日の出来事であるかどうかは定かにはならない）。しかし，捜査の結果，これに加えて4人の供述が出てきたのである。とくに，ある目撃者はY先生が嫌がる被害児童を強引に連れて行ったという証言をしており，これが検察側の主張の中心となっている。

しかしながら，これらの証言は，そもそもなぜ3年間出てこなかったものが突然出てきたのかが不可解であるだけでなく，彼らは3～4年にわたって20回以上の取り調べを受けていること，その証言の内容は相互に矛盾が多いこと，また取り調べごとに証言が大きく変容しており一貫性がないこと，裁判の尋問においても矛盾した証言しか得られなかったことなど問題点が多数あった。結果的に裁判所は，子どもたちの証言は信用できないと判断している。実際には子どもたちは事件のこ

とを目撃したわけではないのに，取り調べの過程などで誘導的な質問を受け，その記憶がゆがめられ，フォールスメモリーが形成されてしまったのではないかと考えられる。

解説 子どもの証言がえん罪を作り出してしまう危険性を世間に知らしめた重要な裁判である。

(2) 高齢者の目撃証言

近年，高齢化社会の進行にともなって，高齢者が被害者・加害者・目撃者になる事件が増加している。このような事件については，高齢者の証言が重要な捜査手がかりや証拠となるため，高齢目撃者の特徴を把握しておくことが重要である。

高齢者証言の特徴としてまずあげられるものに，情報源忘却（ソースアムニジア）現象がある。これは加齢に伴い，情報自体でなく，情報源の記憶が思い出しにくくなるという問題である。たとえば，ある人物を見たことはあるがどこで見たのかを思い出せないとか，ある話を聞いたがそれを誰からいつ聞いたのかを思い出せないということである。シアシー（Searcy, 1999）は，成人と高齢者の顔の記憶を扱った研究をまとめて分析した結果，見たことのある顔を

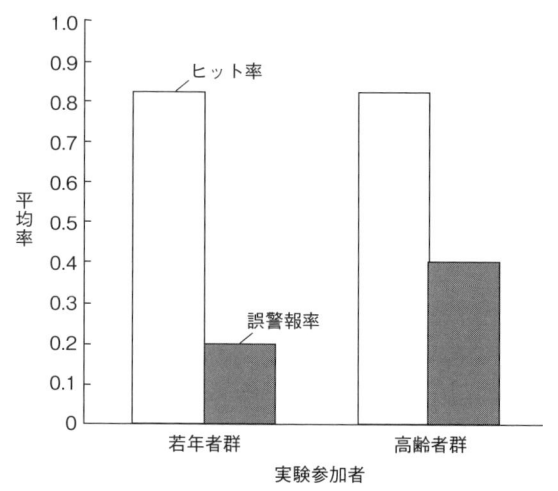

図 12-3　シアシーの実験の結果（Searcy et al., 1999）

「見たことがある」と正しく判断できる能力は成人と高齢者の能力はほとんど変わらなかったが，見たことのない顔を「見たことがある」と間違ってしまうことが高齢者に多く生じるということが示された（図12-3）。

　高齢者の証言に関するもう一つの問題は，被誘導性の問題である。被誘導性とは，誘導的な質問によって回答がゆがんでしまう現象である。高齢者は質問に答える場合に自分の記憶システム以外のさまざまな手がかりを利用して自分の記憶力の衰えを補っているという特徴がある。そのために，質問者のちょっとした言い回しや動作などに影響されて，回答を変更してしまう可能性がある。結果として誤った証言が得られてしまうことになる。

3　面割りと面通し

(1) 似顔絵とモンタージュ写真

　事件の目撃者が犯人の顔を目撃していた場合，その顔をなんらかの形で再現させることができれば，犯罪捜査において非常に有力な情報となるのは明らかである。しかしながら，我々は特別な訓練を受けていたり，特別な才能を持っていない限り，目撃した顔を絵画などによって再現するのはなかなか難しい。そこで，このような記憶の取り出しをサポートするための方法が開発されている。最も古典的な方法は似顔絵であり，これは似顔絵画家が目撃者から目撃した人物の人相を聞き取ってそれを絵画で再現する方法である。また，モンタージュ写真は，さまざまな顔から目や鼻，顔の輪郭などパーツとパーツを切り離した写真を用意して組み合わせて目撃した人物の顔を再現する手法である。なお，モンタージュ写真という言葉は和製英語である。モンタージュ写真は最近ではコンピュータグラフィックなどの最新の技術を用いているため，正確性が高いように思われるが，実際には似顔絵の有効性が非常に大きく，モンタージュ写真はそれに比べて効果が劣っている場合が多い。その理由としては，(1) モンタージュ写真はあらかじめ存在するパーツを組み合わせて構成する関係上表現力が限られている。(2) モンタージュ写真を作成する過程で，多くのリアルな顔を見てしまうことになるのでこれが干渉となり，目撃した顔が思い出せな

くなってしまう。(3) 完成した顔がリアルなため，これと少しでも異なってしまうと人物同定が困難になってしまい，犯人を取り逃がしてしまう。(4) 人間は人の顔を平均的な顔からのずれで記憶しているため，これをデフォルメして目立つように表現した似顔絵のほうが人間の顔をうまく表現できる，などの可能性がある。

(2) 手配写真

　手配写真とは，逃走している犯人の顔写真などを貼りだして，その情報を広く一般から集めるために掲示される写真のことである。警察側としては，この写真をできるだけ効果的に人びとに伝えるためにさまざまな工夫をしている。たとえば，逃走した犯人の写真とその似顔絵を同時に呈示したり（これは似顔絵のデフォルメ効果により効果的だと思われる），同じ犯人の何枚もの写真を同時に載せたり（さまざまな表情，角度の写真を呈示することによって見る人に立体的な記憶表象が作られ，発見されやすくなる可能性がある），さまざまな髪型やひげ，めがねなどをつけたパターンを呈示したり，加齢を似顔絵などで再現したりするなどである。また，「おーい小池」などのインパクトのあるキャッチフレーズで話題を作って，注目させたり，テレビ番組などで広く広報する方法，懸賞金をつけて注目度を高めることも行われている。手配写真はしばしばこれがもとになって犯人が検挙されたり，有力な情報が得られるので，かなり有効な捜査手法となっている。手配写真には，じつはこのような目的以外にも手配されている犯人に自分が追われていることや逃げ切れないことを実感させ，検挙につなげたり，自首をうながすなどの役割もある。

＜時効直前に検挙された福田和子＞・・・・・・・・・・・・・・・・・・・・・・・・・・・・・・・・

　福田和子は，1982年に同僚のホステスを殺害後，公訴時効までわずか3週間という1997年に検挙された殺人犯人である。福田は逃走に際して何回かの整形手術を繰り返し，逃走を続けた。逃走の初期には，京都の和菓子屋，ラブホテル，スナックなどを転々とし，最終的にはホテルに住み，何人かの愛人をもちつつ，飲み屋に現われて一晩2〜3万円で一緒に過ごす男性を探すという生活を続けていた。時効まで1年を切ったころ，愛媛県警は「ホステス殺害事件の時効迫る」としてテレホンカードを作ったり，懸賞金を増額したりして大キャンペーンを繰り広げ

た。テレビでも福田の事件は大きく取り上げられた。その結果，当時，福田が連日出入りしていた店の常連客が，テレビで流れた福田の声を聞いて，ぴんと来た。彼は，店のママと協力して表面がきれいに磨かれたビール瓶を彼女に触らせ指紋を採取し，この指紋を警察に差し出した。指紋は福田和子のものと一致した。翌日，店の前で待ち伏せしていた福井県警の捜査員に検挙された。福田のホテルの部屋からは時効の日である 8 月 19 日に○がつけられたカレンダーが発見された。無期懲役となったが，受刑中に脳梗塞でたおれ，57 歳で死亡した。

解説 この事件では警察がマスコミをとおして流した福田和子の会話の音声が犯人検挙の重要な手がかりとなった。心理学的にも一枚の顔写真だけでなく何枚もの顔写真を並べたり，動画や音声など人物同定のための複数の手がかりを公開することが犯人の発見可能性を高めるのは明らかである。今後の手配はこのような方法で行うべきであろう。

＜市橋達也　リンゼイさん殺害事件＞

　市橋達也は，英会話教師のリンゼイさんを自宅で監禁，暴行したうえに首を絞めて殺害し，自宅のベランダに遺棄した犯罪者である。彼は 2 年 7 か月の間，逃走を続けたのち，2009 年に検挙された。
　彼は，当初は公園などで野宿生活を送り，廃棄された弁当やスーパーの試食品などを食べながら逃走した。その後，静岡，新潟，青森などを経由して四国に渡り，お遍路さんとなる。当時，彼は連日報道されていた自分に関するニュースをラジオで常に情報を収集しながら野宿しながらのお遍路さん生活を続けた。この時期に指名手配犯が自首しても減刑されないのを知って，無人島生活をすることを決心し，高知県の図書館で沖縄県久米島の近くにあるオーハ島を知り，そこへ渡ることを決心する。オーハ島に渡ったものの食糧自給や飲料水自給が困難だったこともあり，わずかな期間で島生活は挫折し，那覇に渡って，那覇で建設工事の仕事にありつく。ところがここで，仕事中，脱水症状になって救急病院に運ばれたことから偽名が発覚し，また逃走した。彼はいくらかの現金と図書館で調べたサバイバル知識を持って再びオーハ島に渡る。2 度目のオーハ島生活は快適だった。彼は島の中にかつて米軍が監視塔として使用していたコンクリートハウスを発見し，そこを根城にし，現金が必要になると大阪西成に遠征して「出稼ぎ」をする生活を続けた。90 万円を貯めた彼は，整形手術を受けようと福岡を経て名古屋に移動する。ここで眉間を高くする整形手術を受けるが，結果的にこの病院が不審に思い警察に通報することになる。その後，ビジネスホテルに宿泊していた市橋はテレビで「市橋名古屋に出現」のニュースを知る。彼はオーハ島に戻ろうと大阪発那覇行きのフェリーに乗り込もうとする。フェリー乗り場でフェリーを待っていた彼の前に警察官が現われ，彼は検挙された。

> **解説** 市橋は無人島，西成地区などの通称ドヤ街，お遍路さん，ホームレスなどさまざまな方法で逃走を続けたが，結局3年間しか逃げることはできなかった。最終的に彼を追い詰めたのは警察があきらめずにさまざまな方法で彼を探し続け，手配写真を掲示し続けたことであった。手配写真はこのように周囲の人に犯人を発見させるという役目だけでなく，本人を追い詰めていくという重要な機能を持っていることを示している。

(3) 面割りと面通し

事件の有力な容疑者が明らかになった場合，目撃者にその人物を見せて犯人に間違いないかを確認する作業を行うことができれば，有力な証拠となる。このために行われるのが面割りや面通しといわれる作業である。面割りとは容疑者を含めて何人かを写真やライブで見せて（日本の犯罪捜査においてはほとんどが写真で行われる）その中から目撃した人物を選び出させることであり，面通しとは1名の容疑者をワンウェイミラー越しなどの方法で見せて犯人かどうかを確認する手法である。

面割りを行う場合，方法としては候補となる写真や人物を同時に目撃者に呈示してその中から目撃した人物を選択させるという同時呈示方式と，候補となる人物を一人ずつ呈示していって選択させるという継時呈示方式がある。これらのうち，同時呈示方式の場合，目撃者は「目撃した人物」を選択するというよりも「目撃した人物に一番似ている人物」を選択するようになるといわれている。その結果として，もし，呈示された写真の中に実際の犯人がいなかった場合に，似ている人物が誤って犯人とされてしまう危険性がある。そのため，写真面割りは同時呈示方式よりは継時呈示方式で行うほうが好ましい。また正確な識別のためには「呈示された写真の中に犯人がいない可能性がある」ことを教示しておくこと，写真がすべて何枚あるかを事前に目撃者に伝えないことなども必要であると指摘されている。

面通しに関しては，一人しか容疑者を見せないことや，そもそも警察に呼ばれて取り調べを受けている人物を見せるわけであるから目撃者にその人物が犯人である可能性が高いという先入観を与えることになってしまうなどの問題点が大きい。しかし，面割りは多くの写真を用意しなければならないことなどから手軽に実施できず，面通しはそれに比べて手軽に実施できることから現在の

犯罪捜査においては使用されることが多い。

コラム

面割りと裁判所の立場

　面割りは捜査手法としてしばしば使用され，裁判での証拠として提出されることも多いが，適切な材料や方法で行われなかった場合には，もちろん裁判所も証明力を認めない。では，どのような面割りが不適切なものと考えられるのか。写真面割りに関しては，裁判所の判断は大きく三つの観点から判断される。一つは，①写真の枚数の問題である。当初は裁判所は「面割りに用いる写真は多ければ多いほどよい」という判断を示していたが，現在では，あまり多すぎる場合も証明力に疑いがもたれる場合がある。もちろん，あまり少ない場合も問題である。通常10枚から15枚の写真があれば十分だと考えられている。②写真の均質性，これは偏った写真の選択が問題となる。つまり，容疑者が浮いて見えてしまえばだめということである。問題になったケースとしては，目撃者がめがねをかけていたという供述にもかかわらず写真帳にめがねをかけていない人物が多数含まれていたケース，目撃者が学生風という供述にもかかわらず写真帳の大半がサラリーマン風だったケース，目撃者が供述するパンチパーマらしい人物が写真帳に一人しか存在しないケース，目撃者が供述する「外国人」らしい人物が写真帳に一人しか存在しないケース，目撃者が供述するサングラスをかけた人物が写真帳に一人しか存在しないケース，目撃者が供述する坊主頭の人物が写真帳に一人しか存在しないケース，被告人の写真だけが大きいケース，被告人の写真だけが免許写真のケース，被告人の写真だけがぼやけているケース，被告人の写真だけがファイルされていないばらばらの写真のケース，被告人の写真だけが，カラー，ポラロイド写真，スナップ写真などのケース，面割写真帳の中に被害者の知人が多く含まれていたケース（未知の人は2名しかいなかった）などがある。そして，もう一つは③示された写真の配列や提示方法に暗示・誘導の要素が含まれていないかということである。これはおもに，容疑者の写真が複数含まれていた場合である。裁判で問題になったケースとしては以下のようなものがある。写真帳の後半部分に被告人の写真のみを集めた部分があるケース，被告人の写真だけが複数枚含まれているケース，被告人の写真ばかりを多数示された可能性が高いケースなどである。また，写真面割をして識別できなかった場合，その後に単独での面通しをして識別できた場合も，写真面割帳の中に含まれている人をもう一度見せることになってしまうので，裁判所は問題があると判断する可能性が大きい。

4 目撃証言の鑑定

　目撃者の証言がはたして信頼できるのか，それともできないのかについては，裁判員制度の導入もあって，近年の裁判では論点になることが多くなってきた。そしてこの問題について心理学の専門家が鑑定を行う場合も増えてきている。目撃証言の鑑定の一つの方法はフィールド研究といわれているものである。これは目撃者が実際に犯人を見たといっている状況で本当に犯人が見えるのか，また，目撃者が目撃してから面割りなどを行う期間までの間，本当に目撃した人物を記憶しておくことができるかという問題について，目撃者が目撃した状況と同じような状況を作り出し，実際にやってみて確認するという方法である。この方法がはじめて試されたのは自民党本部放火事件であるが，その後，さまざまな事件でこの方法による鑑定が行われている。

＜自民党本部放火事件におけるフィールド実験鑑定＞

　自民党本部放火事件は，テロのところで述べたように，左翼テロリズムにいる放火事件である。この事件では放火の実行犯として，犯行声明をだしている政治セクトの活動家の一人が検挙された。検挙のきっかけとなったのは逃走中の活動家を目撃したという警察官の証言で，警察官は，交差点上で停車したワゴン車の助手席に乗っていた活動家を見て，目撃から18日後に面割り写真帳の中からその人物を選び出したのであった。この事件では日本大学の厳島行雄教授などが弁護側鑑定人となった。厳島教授は，目撃者が活動家を見たという状況と同様な状況で実際にその人物が見えるのか，そしてその状況で見た人物をはたして10日以上も記憶していて面割りとしてその人物を選び出せるのかについて，フィールド実験を行った。43人の参加者を用いて実験を行ったが，目撃者が言っているような状況では犯人を目撃したり記憶したりすることはほとんど不可能であることがわかった。この鑑定の結果，この目撃証言は否定され，判決は無罪となった。

　解説　この事件の裁判に私は検察スタッフの一員として参加した。この事件は，目撃証言の専門的な鑑定が裁判所で初めて行われた歴史的な裁判となった。この事件の裁判を通じて目撃証言鑑定の方法論や反対尋問の方法が開発された。

目撃証言のまとめと設問

キーワード イノセンスプロジェクト，事後情報効果，クローズ質問，オープン質問，誘導，被誘導性，情報源忘却（ソースアムニジア）現象，似顔絵，モンタージュ写真，面割り，面通し，手配写真，同時呈示方式，継時呈示方式，フィールド実験，フォールスメモリー

設問
1) 実際の犯罪捜査や裁判において事後情報効果はどのように働く可能性があるか，それによって捜査や裁判が誤ってしまうのはどのようなケースがあると考えられるか。
2) 子どもや高齢者が巻き込まれる犯罪にはどのようなものがあるか，これらの犯罪の捜査においてはどのようなことに留意することが必要か。
3) 犯罪捜査において，似顔絵，モンタージュ写真，手配写真，面割り，面通しはどのように使用されるのか，またそれぞれの方法についてはどのような長所，短所があるのか。
4) 交番に貼ってある手配写真，似顔絵などを一つ取り上げて論評せよ。

付章

映画で学ぶ犯罪心理学

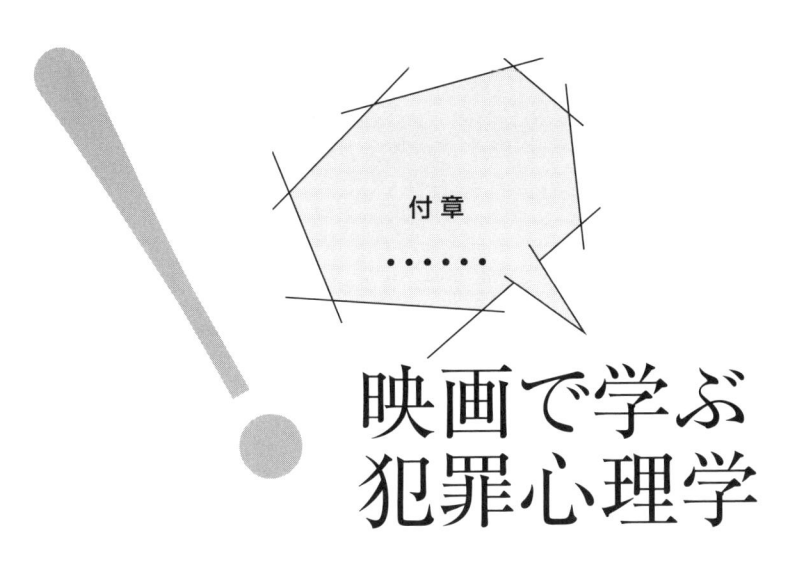

　日本の治安は世界的に見てもかなり良いので，我々は身近で犯罪を目にすることはそれほど多くない。しかし，我々は犯罪にたいへんな興味を持っているのも事実である。映画やテレビドラマ，小説の多くが犯罪を描いているのをみればよくわかる。これらは確かにフィクションであり，実際の事件とかけ離れた設定のものも少なくないが，実際の事件を取材していたり，とくに最近のものは，設定や考証が非常にリアルであり，犯罪心理学の勉強にも役立つものが少なくない。ここではそれらの映画のごく一端を紹介してみたい。犯罪心理学学習の一つの手がかりとしてほしい。

1 連続殺人

　連続殺人を描いた映画の中で最も重要な映画は『羊たちの沈黙』である。この映画は，トマス・ハリス原作の同名小説の映画化であるが，この小説は，プロファイリングを考案したFBIアカデミーの行動科学科を取材して作られたものである。トマス・ハリスは，FBIが実際の連続殺人犯人へのインタビューをもとにしてプロファイリングという技術を作り出したという話を聞き，触発されてこの小説を執筆したという。『羊たちの沈黙』に登場する犯人は，バッファロービルといわれている連続殺人犯人である。彼は，小太りの女子大生を誘拐し殺害してその皮膚を剥いで衣服を作っているという設定である。この殺人犯は，実在のさまざまな連続殺人犯をモデルにして造形されている。たとえば，

遺体の皮膚を剥いで衣服を作るという発想はエド・ゲインから得ているし，また，身体障害者を装って被害者を拉致するという手口はテッド・バンディをモデルにしている。ちなみにバッファロー・ビルの行動は計画性があり秩序型の特徴を持っているがその動機は無秩序型に近く，FBI分類では，混合型の連続殺人犯である。『羊たちの沈黙』においては探偵役もまた連続殺人者のレクター博士である。FBI訓練生の捜査官がレクター博士をたずね，バッファロー・ビルの犯人像を推定させるのである。アンソニー・ホプキンス演ずるレクター博士は，優秀な医師でありながら連続殺人鬼であり，人肉を食べるために連続殺人を行うことが特徴である。人を食べる目的で連続殺人を行った有名な殺人者にアルバート・フィッシュがいる。レクターがなぜ，人肉を食べるようになったのかは『ハンニバル・ライジング』という映画で明らかになる。

『バックドラフト』は，締め切った部屋の中で火災を起こし，高温酸欠状態にしたところで突然，空気が流入すると爆発的に炎が燃え上がるというバックドラフト現象を用いた連続殺人事件を消防調査官が解決していくというドラマである。じつはこの映画も『羊たちの沈黙』の影響を受けている。この犯罪を捜査する火災調査官が，犯人像を推定してもらうために，ピロマニアの連続放火犯を尋ねていくシーンがあるのだ。ピロマニアの犯人は事故の様子を聞くと「この事件の犯人は火が好きで放火しているわけではない，この事件の犯人は火を憎んでいる」というかなり重要なヒントを提供してくれる。

FBI方式のプロファイリングは，犯人の行動をいくつかのカテゴリーに分けて分析していくものであるが，その前提として犯人の行動が一貫しているということが必要である。もし，ある犯人が犯行を行うごとにまったく異なった行動をとっていたら，どうなるであろう。この場合，少なくともFBI方式のプロファイリングで犯人を検挙するのは難しくなるであろう。また，アメリカでは州ごとに警察の管轄は異なっている。州をまたがった犯罪についてはFBIがその犯行の類似性などから犯行をリンクさせて情報提供を行っているが，このリンクができるかどうかも基本的には犯人の行動が一貫しているかに依存している。このように一貫していない犯行パターンの連続殺人犯人はプロファイリングできないので，きわめて検挙しにくくなる。このようなエピソードがでてくる作品として『サスペクト・ゼロ』がある。

『冷たい熱帯魚』は，日本の連続殺人を描いた作品である。モデルとなったのは，愛犬家殺人事件である。これは埼玉県熊谷市のペットショップ「アフリカンケンネル」の経営者の夫婦が詐欺的な手法（犬を育て子どもを作れば大金で売れる）とだまして市価よりもはるかに高い値段で犬を売りつけ，トラブルになると獣医からもらった犬殺害用のストリキニーネで顧客を殺害し，遺体をバラバラに解体したうえで灰になるまで焼き，灰は山にまくという事件であった。日本犯罪史上に残る経済的な目的の連続殺人事件である。

　アメリカでは司法機関を頼りにせずに勝手に正義を実現するという行為は，正当化されることが多く，実際にこの種の行動をとる主人公をヒーローとして描いた映画は少なくない。この種の映画の中で最も有名なのは，チャールズ・ブロンソン主演の『狼よさらば（Death wish）』シリーズである。まじめな建築士の主人公が強盗に妻を殺害され，子どもを強姦されたことがきっかけになって，銃を入手し，社会悪にみずから立ち向かうようになっていくという話である。大人気シリーズとなった。彼は，ホームズの分類でいえば「使命感（mission）」の連続殺人犯人である。なお，『羊たちの沈黙』でFBI女性捜査官を演じたジョディ・フォスター主演の『ブレイブ ワン』は，『狼よさらば』のストーリーをかなりの部分踏襲しているが，主人公が女性であるという点が異なっている。はじめに殺されるのは恋人の男性である。『狼よさらば』から30年あまりを経て作られた映画でヒーローの立場が男性から女性に変わっているのは興味深い。使命型の連続殺人犯は映画では人気があり，ほかにも『**ダーティハリー2**』では，白バイの警察官がみずからの正義感から正当な方法では検挙できない悪人を処刑するというストーリーが描かれている。日本でも『**デスノート**』はそのノートに氏名を書くとその人物が死ぬというノートを手に入れた主人公が司法が手を出せない凶悪殺人者を次々に処刑していくというミッション型の行動が描かれている。

　女性による連続殺人を描いた映画の中では保険金詐欺の黒い未亡人型の連続殺人を描いた『**黒い家**』が傑作である。また，フランス映画の『**地獄の貴婦人 LE TRIO INFERNAL**』（1974）はマレ事件という実際の黒い未亡人型連続殺人をモデルにして作られた映画である。『シックス・センス』は死者の霊を見ることができるという少年が主人公の作品で誰もが予想しないどんでん返しを

含む大変すばらしい映画であるが，そのエピソードの一つとして代理によるミュンヒハウゼン症候群が描かれている。この映画の代理によるミュンヒハウゼン症候群の加害者の様子やその行動はかなりリアルなのでぜひ見てほしい。

2 大量殺人

　日本で起きた津山30人殺しは，多くの作家にインパクトを与え，小説や映画の題材になってきた。とくに有名なのは横溝正史の『八ツ墓村』であり，これは何度も映画化されている。ただし，この事件を正面から描き出した映画といえばやはり，『丑三つの村』であろう。この映画は，フィクションの部分も多いが，さまざまな資料からかなりリアルな主人公が造形されており，この事件を知るためには欠くことのできない作品となっている。

　アメリカにおける銃乱射事件もさまざまな立場から映画化されているが，犯人となった高校生の立場から，このような事件を映画化したものに『エレファント』がある。ただし，この映画については，本当にコロンバイン高校などの銃乱射事件犯人の心性を表わしているのかについて大きな議論となった。『ボーリング・フォー・コロンバイン』はコロンバイン高校の事件を一つのきっかけとして，アメリカの銃規制の問題を風刺的に描いたドキュメンタリーであり，現在にいたるまで多くの議論を引き起こしている映画である。

　爆弾を仕掛けて，無差別に大量殺傷を行う犯罪型の大量殺傷犯人をホームズは，「セットアンドラン」タイプと分類している。たんなる大量殺傷だと映画としてはあまり面白いものにならないので，このテーマでよく描かれるのは，爆弾を仕掛けてこれをネタに脅迫を行うという犯罪を描いたものである。爆弾犯人とそれを防ごうとする警察との攻防は，確かに映画としてはサスペンスフルである。このジャンルの最高傑作といわれているのは『ジャガーノート』である。この映画では，豪華客船ブリタニック号に犯人がドラム缶に入った強力な爆弾を仕掛け海運会社を脅迫する。これに対して海軍の爆発物処理班が投入され，この爆弾を分解することを試みる。映画の大半が，この爆弾の分解シーンとなっている。なお，実際の爆弾脅迫事件においてはこの映画に出てくるようなさまざまなトラップをしかけた分解しにくい爆弾が使用されることはほと

んどなく比較的単純な構造の爆弾が使用される。

　『新幹線大爆破』は，爆弾事件を描いた日本映画の傑作である。高倉健演じる犯人は，新幹線に爆弾を仕掛け国鉄（JRの前身）から身代金を奪い取ろうとするが，この爆弾は新幹線が一定の速度になるとスイッチが入り，ある速度以下に減速すると爆発するというものである。新幹線は当時「異常があればすぐ停止する」という安全基準の下に運行を行っていたが，まさにその裏をかき，停止できなくするという発想である。当時新幹線は博多が終点だったので，博多に新幹線が到着するまでに犯人を検挙するか爆弾を分解することができなければたいへんな惨事が発生してしまうことになる。この発想はその後，ハリウッド映画の『スピード』に受け継がれた。こちらはバスに一定速度以下になると爆発するという爆弾が仕掛けられるものである。

3　テロリスト

　日本の学生運動を直接間接に描いた映画は非常に多い。1960年代〜70年代の大学生活は学生運動なしに論じることができなかったからである。その中でも代表的な学生運動映画の一つが，若松孝二監督の『実録・連合赤軍〜あさま山荘への道』である。本文でもあげた永田洋子と森恒夫による連合赤軍榛名山ベースにおける軍事訓練と集団リンチ事件から，あさま山荘事件までを描いている。当時の左翼学生たちの思想や情熱が描かれているだけでなく，孤立した集団の中での人間の残酷さが描かれてており，屈指の学生運動映画となっている。その後，日本赤軍を作る重信房子も登場する。一方，あさま山荘事件を警察側から描いた映画として，『突入せよ！あさま山荘事件』がある。

　スティーブン・スピルバーグ監督の『ミュンヘン』は，パレスチナの過激派組織「ブラック・セプテンバー（黒い九月）」が，ミュンヘンオリンピックの期間中にオリンピック選手村のイスラエル選手団宿舎に侵入し，彼らを人質にとって，イスラエルに収監されているパレスチナ人の解放を要求したが，最終的には警察の特殊部隊が突入して人質と犯人全員が死亡した事件を描いた作品である。なお，この「ブラック・セプテンバー」が飛行船に爆弾を仕掛け，スーパーボウル開催中のスタジアムで爆破させようとする作戦とそれを阻止しようとす

るイスラエルの秘密諜報機関とFBIの活躍を描いた『ブラックサンデー』という映画が作られ，1977年に公開される予定であったが，この映画を公開すれば劇場を爆破するという脅迫があり上映が中止になるという事件もあった。この時代，パレスチナ問題はテロの可能性を含め，非常にリアルな社会問題であった。パレスチナ問題を学ぶきっかけの一つとして参考になる。

　アメリカに対する9.11同時多発テロを描いた映画は少なくないが，その中で『ユナイテッド93』は，イスラム原理主義テロリストに乗っ取られ唯一目標に達せずに墜落したユナイテッド航空93便に乗り合わせた犯人と乗客の行動をさまざまな資料から再現した映画である。ユナイテッド93便の内部の状況のみでなく，このような大規模なテロに遭遇した場合の航空当局や政府の対応，そして乗客の対応などがよく描かれている。

　『キングダム』は，2003年にリヤド居住区で発生した爆破事件をヒントにして作られた映画である。イスラム原理主義のテロリストがサウジアラビアの外国人居住区で大規模な銃乱射と自爆テロを引き起こす。この事件の捜査のために送り込まれたFBIが現地の捜査官と反発協力しながらテロリストを追い詰めるというものであるが，イスラム原理主義の考え方や組織，事件の背景やサウジアラビアとアメリカの微妙な国際関係，そして自爆用爆発物の作り方まで描かれていて大変参考になる。

4　ストーカー

　ストーカーを一般にも広く知らしめるのに，映画も重要な役割を果たしている。最も重要だったのは，**『危険な情事』**である。この映画では主人公の男性が一夜限りの関係を結んでしまった女性からしつこいストーキング行為を受ける。女性は男性の家に勝手に入り込み，子どもが飼っていたうさぎを釜ゆでにするなどの嫌がらせ行動を行う。この映画が大ヒットしたので，ストーカー＝女性，被害者＝男性という誤ったイメージが作られてしまった。しかし，現実社会では，ストーカーの9割は男性であり，被害者は女性である。**『愛が壊れるとき』**は，ドメスティックバイオレンスの夫からの逃亡した妻を夫がストーカーとなって追い詰めるというサスペンスドラマである。ストーカーの中では

拒絶型ストーカーで最も危険なタイプである。ドメスティックバイオレンスの被害者やストーカーの被害者がどんな恐怖に襲われながら日々を過ごさなければならないのかをリアルに感じることができる。このような意味で，屈指のできばえなのが『Jの悲劇』である。この映画では男性同性愛者の親密希求型ストーカーが描かれている。また，親密希求型は愛する本人でなく，その恋人などの第3者に危害を加える場合が多いという現象もまさにこの映画では描かれていてリアルである。タレントなどの有名人は，親密希求型をはじめさまざまなタイプのストーカーの標的になってしまうことが多いが，有名野球選手がファンによって執拗にストーキングされて追い詰められていく『ザ・ファン』もスターストーキングを論じるには欠かせない映画である。

5 性犯罪

子どもに対する性犯罪を描いた映画としては殺されてしまった被害者の視点で描かれた『ラブリーボーン』が必見である。もちろん犯罪は残酷なのであるが，この映画では犯罪行為は描きながらも最終的には感動的な作品となっている。性犯罪はアメリカでも日本でも証明が難しく，刑事訴追しにくい犯罪である。明らかなレイプであっても「合意のうえだった」と言い逃れができてしまう可能性があるからだ。また，レイプ裁判では，被害者のプライバシーがさらされることになり，犯行以上に裁判が被害者の心に傷を残してしまうことがある。これは，セカンドレイプといわれる現象で，レイプを刑事告訴することをためらわせる一つの大きな原因となっている。この問題をストレートに扱ったのアメリカ映画としては，『リップスティック』と，『告発の行方』がある。また，日本映画では，東陽一監督の田中裕子主演の『レイプ』がこの問題を扱っている。いずれにせよ，強姦を立証する裁判がいかに困難で被害者の心を傷つけるものなのかがよく描かれている。

6 日本の警察の組織と捜査活動

日本では，各県ごとにその県の警察行政・司法活動を担う都道府県警が存在

する。ちなみに警視庁は首都警察として特別な位置づけであるが，基本的には東京都の警察である。また，霞ヶ関には日本の警察行政を中央集権的に担う，警察庁という組織が存在し，警察庁が各県警の活動を調整し管理している。

　警察庁と都道府県警の間には密接な関係があり，県警の間には組織や活動内容，福利厚生にいたるまでそれほど大きな違いはない。

　警察活動を描く日本の映画は，ほとんどが警視庁か大都市の県警を舞台にしている。最近の日本映画が描く警察の姿や捜査活動は，さまざまな小道具にいたるまでかなりリアルになってきている。たとえば，個人捜査よりもチーム捜査が重視されること，鑑識課と捜査課が協力，分担して捜査に当たること（捜鑑一体の原則），所轄警察と本部捜査課の連携などである。したがって，実際の警察活動がどのように行われているのかを知るのに，この種の映画はかなり参考となる。もちろん，リアルさだけを追及してしまえば，ドラマとしての面白さが減ってしまうので，プロデューサーや監督は，リアルさとフィクションをいかに融合させていくかに，苦心することになる。

　『眠らない街 新宿鮫』は，大沢在昌のベストセラー小説の映画化である。新宿鮫シリーズは大沢のシリーズものの一つであり，何回か映画化されているが，この作品は，真田広之が主人公を演じている。この映画の舞台は，多くの警察ドラマが舞台とするような警視庁捜査一課ではなく，警視庁新宿警察署生活安全課である。警察の中で犯罪捜査を担当しているのは刑事課だけではない，生活安全課や交通捜査課，公安警備課なども犯罪捜査に関わっている。生活安全課では，薬物犯罪，少年犯罪などがおもに扱われている。この映画では生活安全課の捜査活動，日常業務，刑事課や公安関係部署との関連についても描かれていて興味深い。なお，主人公の鮫島警部はもともと国家Ⅰ種試験合格のキャリアの警察官僚である。多くの映画やドラマで描かれているように，警察官の中には，鮫島警部のようなキャリア組警察官と，各県警ごとに行われる一般の警察官採用試験Ⅰ種〜Ⅲ種試験を受けて合格し，県警単位で採用されるノンキャリア警察官がいる。ノンキャリア警察官の階級が巡査→巡査長→巡査部長→警部補→警部→警視→警視正（最も出世するごく一部の人だけが警視正にまでなるがそれ以上の階級には，ほぼなれない）と順に上がっていくのに対して，キャリア警察官は採用直後から警部補になり，最終的には警視総監になる可能

性もある。ちなみに主人公の鮫島警部は，本来なら，警視や警視正などの階級になる年齢なのだが，ある事件によって出世の道が閉ざされ，所轄の生活安全課にはぐれ刑事として属しているという設定である。左遷人事である。もちろん，実際には鮫島警部のような人事は行われない。警察関係のドラマでは，よく若くて経験も少ないが地位だけは高いキャリア警察官とベテランのノンキャリア警察官の確執や対立などが出てくるが，実際問題として通常の警察官が職務でキャリア警察官に接することはほとんどないし，また，キャリア警察官とノンキャリア警察官の職務内容も大きく異なるので，それほど大きな確執があるわけはない。

『犯人に告ぐ』は雫井脩介原作の警察小説を映画化したもので，豊川悦司が主演である。この映画の舞台は，神奈川県警察で，対象となる事件はバッドマンと名乗る犯人による連続殺人事件である。誘拐事件などの大きな事件では，所轄の警察官が本部の捜査一課の班とともに捜査本部を結成して事件を解決する。所轄の刑事と本部の刑事がペアになり現場でさまざまな犯罪捜査活動を行うのである。この映画でももちろん，この捜査本部を舞台にしてストーリーが進行する。捜査本部での捜査会議の進め方やデザイン，本部所属と所轄との関係，捜査本部内でのやりとり，警視庁と神奈川県警の確執など実際の警察の活動がかなりリアルに再現されている。

『臨場』は，検視官の活躍を描いた異色の映画である。もとになったのは横山秀夫による警察小説と，それを原作としたテレビドラマシリーズである。検視官とは不審死体の発見現場に行って，事件性があるかないかを判断する警察官の役職のことである。階級は警部か警視である。この映画で描かれている鑑識活動や検視活動はかなりリアルであり，鑑識業務を知るのには参考になる。

まとめ

設問

1) 犯罪を描いた映画を一つ見て，その犯人の行動と類似した事件を探し出し，映画の中の犯人と実際の犯人の行動を比較して検討しなさい。

2) 犯罪とその事件の捜査過程を描いた映画を一つ見て，その捜査

の方法やその問題点について検討しなさい。
3) 国内外の映画に出てくる警察組織について映画と関連づけながら論じなさい。

◀引用文献・参考文献▶

Barker, M. (2000). The criminal range of small-town burglars. In D. Canter & L. Alison(Eds.), *Profiling Property Crimes.* Ashgate. (pp. 57-73).
Baron, L., & Straus, M. A. (1989). *Four theories of rape in American Society.* Yale University Press.
Canter, D., & Heritage, R. (1990). A multivariate model of sexual offence behaviour: developments in offender profiling. *Journal of Forensic Psychiatry,* **1**, 185-212.
Canter, D., & Larkin, P. (1993). The environmental range of serial rapists. *Journal of Environmental Psychology,* **13**, 63-69.
Douglas, J., Burgess, A. W., Burgess, A. G., & Ressler, R. K. (2006). *Crime Classification Manual: a standard system for investigating and classifying violent crimes*: San Francisco: John Wiley & Sons.
Dutton, D. G., & Browning, J. J. (1988). Concern for power, fear of intimacy, and aversive stimuli for wife assault. In G. T. Hoteling, D. Finkelhor, J. T., Kirkpatrick., & M. A. Straus(eds.), *Family abuse and its consequences*: New directions in research. Newbury Park CA: Sage
Dutton, D. G., & Golant, S. K. (1995). *The Batterer: A psychological profile.* New York :Basic Books.
江戸川乱歩（1987）．心理試験（新装版）　春陽堂書店
Ekman, P. (1985). *Telling lies: clues to deceit in the marketplace, politics, and marriage.* New York: W. W. Norton.
Farwell, L. A., & Donchin, E. (1991). The truth will out: Interrogative polygraphy ("Lie Detection") With event-related brain potentials. *Psychophysiology,* **28**, 531-547.
福田洋・石川保昌（2011）．図説現代殺人事件史（増補新版）　河出書房新社
福島章（1997）．ストーカーの心理学　PHP研究書
Goodman, G. S., & Reed, R. S. (1986). Age differences in eyewitness testimony. *Law and Human Behavior,* **10**, 317-332.
Goodwill, A. M., & Alison, L. J. (2005). Sequential angulation, spatial dispersion and consistency of distance attack patterns from home in serial murder, rape, and burglary. *Psychology, Crime, & Law,* **11**, 161-176.
Groth, A. N. (1979). *Men who rape: the psychology of the offender.* New York: Plenum.
羽生和紀（2006）．連続放火の地理的プロファイリング　犯罪心理学研究，**43**, 1-11.
Hazelwood, R.R., & Burgess, A. W. (2001). *Practical aspects of rape investigation: A multidisciplinary approach* (3rd edition). CRC Press.
疋田圭男（1971）．ポリグラフ検査の有効性　科学警察研究所報告（法科学編），**24**, 230-235.
平伸二（1998）．表出行動とウソ発見の心理学　多賀出版
Holmes, R., & Deburger, J. (1985). *Serial murder.* Newbury Park, CA: Sage.
Holmes, R. M. & Holmes, S. T. (2001). *Mass murder in the United States.* Upper Saddle River, New Jersey: Prentice Hall.

岩見広一・久保孝之（1999）．ポリグラフ検査と犯罪行動類型との関連　犯罪心理学研究，**37**, 84-85.

Lebegue, B. (1991). Paraphilias in U.S. Pornography titles: "Pornography made me do it"(Ted Bundy). *Bulletin of the American Academy of Psychiatry and the Law*, **19**, 43-48.

Linz, D. (1989). Exposure to sexually explicit materials and attitudes toward rape. A comparison of study results. *Journal of Sex Research*, **26**, 50-84.

Loftus, E. F. (1979). *Eyewitness testimony*. Harvard University Press.

Meaney, R. (2004). Commuters and Marauders: an examination of the spatial behavior of serial criminals. *Journal of Investigative Psychology and Offender Profiling*, **1**, 121-137.

三本照美・深田直樹（1999）．連続放火犯の居住地推定の試み：地理的重心モデルを用いた地理的プロファイリング．科学警察研究所研究報告（防犯少年編），**40**, 23-36.

Mullen, P. E., Pathe, M., & Purcell, R. (2000). *Stalkers and their victims*. Cambridge University Press.

Knight, R. A., & Prentky, R. A. (1987). The developmental antecedents and adult adaptations of rapist subtypes. *Criminal Justice and Behavior*, **14**, 403-426.

Kind, S. S. (1987). Navigational ideas and Yorkshire Ripper investigation. *Journal of Navigation*, **40**, 385-393.

松井茂記（2007）．性犯罪者から子どもを守る－メーガン法の可能性　中公新書

大淵憲一・石毛博・山入端津由・井上和子（1986）．レイプ神話と性犯罪　犯罪心理学研究　**23**, 1-12.

大江由香、森田展彰・中谷陽二（2008）．性犯罪少年の類型を作成する試み－再非行のリスクアセスメントと処遇への適用　犯罪心理学研究，**46**, 1-13

Prins, H. (1993). *Fire-Raising: Its motivation and management*. Routledge

Rada, R. T. (1978). *Clinical Aspects of the Rapist*. New York: Grune and Stratton.

Raskin, D. C., & Honts, C. R. (2002). The comparison question test. In M. Kleiner(ed.), *Handbook of polygraph testing*. London: Academic Press.

Raider, A. O. (1980). Firesetter: a psychological profile. *FBI Law Enforcement Bulletin*, **49**(6), 6-13.

Ressler, R. K., Burgess, A. W., & Douglas, J. E. (1988). *Sexual Homicide: Patterns and Motives*. Lexington Books.

Rosenfeld, B. (2004). Violence risk factors in stalking and obsessional harassment. A review and preliminary meta-analysis. *Criminal Justice and Behavior*, **31**, 9-36.

犯罪事件研究俱楽部（2011）．日本凶悪犯罪大全　文庫ぎんが堂

越智啓太（編）（2005）．犯罪心理学　朝倉書店

越智啓太（2008）．犯罪捜査の心理学　化学同人

越智啓太（2011）．Progress & Application 犯罪心理学　サイエンス社

越智啓太・木戸麻由美（2011）．大量殺傷犯人の属性と行動パターン（１）法政大学文学部紀要（62），113-124

Searcy, J., Bartlett, J. C., & Memon, A. (1999). Age difference in accuracy and choosing in eyewitness identification and face recognition. *Memory & Cognition*, **27**, 538-552.

Stadolnik, R. F. (2000). *Drawn to the flame: Assessment and treatment of juvenile firesetting Behavior (Practitioner's Resource Series)*. Professional Resource Exchange Inc

鈴木護(2000). 放火のプロファイリング：都市の連続放火事件を対象とした知見. 田村雅幸（監修）プロファイリングとは何か　立花書房

谷田川知恵（2010）. アメリカ：積極的逮捕政策への転換. 岩井宣子（編）　ファミリーバイオレンス（第2版）　向学社

上野厚（2000）. 都市型放火犯罪－放火犯罪心理分析入門－　立花書房

横田賀英子・岩見広一・渡邉和美・藤田悟郎（2004）. 屋内強姦犯の犯行スタイルの識別性に関する分析　日本行動計量学会第32回大会発表論文抄録集, 142-143.

Vrij, A. (2000). *Detecting lies and deceit: the psychology of lying and the implications for professional practice*. Chichester: John Wiley & Sons Ltd.

Warren, J., Reboussin, R., Hazelwood, R. R., Cummings, A., Gibbs, N., & Trumbetta, S. (1998). Crime scene and distance correlates of serial rape. *Journal of Quantitative Criminology*, **14**, 35-59.

Walker, L. E. (1984). *The Battered Woman Syndrome*. Springer Publishing Company. 斎藤学(監訳)・穂積由利子（訳）（1997）. バタードウーマン　金剛出版

渡邉和美（2005）. 犯罪者プロファイリング　越智啓太（編）　犯罪心理学　朝倉書店

▶ 人名索引

●あ
明智小五郎　126
麻原彰晃　42
アリソン，L.J.　117
アリット，ビバリー　23

●い
市橋達也　145
厳島行雄　148
岩見広一　69

●う
上野厚　95
ウォレン，J.　117
上部康明　30

●え
エクマン，P.　123
江戸川乱歩　125

●お
大江由香　71
大久保清　67
大淵憲一　72
岡本公三　39
奥平剛士　39
越智啓太　27
小野悦男　10

●か
カンカ，メーガン　60
カンター，デビット　64,68,110,113,117

●き
木嶋佳苗　20

●く
グッドウィル，A.M.　117
グッドマン，G.S.　140
久保孝之　69
グレゴリー，ジョージ　25
グロース，A.N.　64

●け
ゲイシー，ジョン・ウェイン　8

●こ
小松和人　80
小宮信夫　58
コレシュ，デビッド　46

●さ
酒鬼薔薇聖斗　119
サトクリフ，ピーター　116

●し
シアシー，J.　142
シェイファー，レベッカ　76
シェック，B.　137
重信房子　39,155
ジョーンズ，ジニーン　23

●す
スタドルニク，R.F.　101

●せ
セレシュ，モニカ　86

●た
高橋裕子　19
ダットン，D.G.　91,94
ダフィー，ジョン　113
田村雅幸　118

●ち
チェイス，リチャード　5
チョ・スンヒ　29

●て
ティメンディカス，ジミー　60
デザルボ，アルバート　108

●と
都井睦雄　31
ドンチン，E.　134

●な
ナイト，R.A.　64
永田洋子　38,155

●に
ニーフェルド，P.　137

●ね
ネルソン, デイル　35

●は
パーディー, パトリック　29
パラド, マニュエル　7
パルシェ, ギュンター　86
バロン, L.　65
バンディ, テッド　11

●ひ
ビレジ, A.　122

●ふ
ファーウェル, L.A.　134
ファーレイ, リチャード　77
福田和子　144
ブラッセル, ジェームズ　105,107,108
プレンキイ, R.A.　64

●へ
ベーカー, M.　117
ヘリテージ, R.　68

●ほ
ホートン, ジョン　117
ホームズ, R.M.　27
ボンド, トマス　106

●ま
マクベイ, ティモシー　47
松本智津夫　42
マルボ, リー　115
丸山博文　97

●み
ミーネイ, R.　114
宮崎勤　7
ミューレン, P.E.　80

●む
ムハマド, アレン　115

●め
メテスキー, ジョージ　107

●も
森恒夫　38

●や
安田安之　39
山口二矢　40

●ゆ
ユング, C.G.　124

●よ
横田賀英子　69

●ら
ラーキン, P.　64
ラーマン, アブドゥル　41
ラジニーシ, バグワン・シュリ　44
ラダ, R.T.　65

●り
リード, R.S.　140
リード, J.E.　127
リンツ, D.　65

●れ
レターマン, デビッド　84

●ろ
ローゼンフェルド, B.　87
ロスモ, キム　117
ロフタス, E.　138
ロンブローゾ, C.　126

●わ
渡邉和美　119
ワトソン, ポール　48

▶ 事項索引

●あ
『愛が壊れるとき』　156
青物横丁医師殺害事件　5
浅沼委員長殺害事件　40
暗数　63

●い
怒り報復型レイプ犯　66
行きずり型　53
イスラム原理主義　40
市橋達也　リンゼイさん殺害事件　145
一過的潜伏群　71
偽りの記憶症候群　139
田舎型放火　95
イノセンスプロジェクト　137
隠蔽情報検査（CIT）　128

●う
VO関係　1,95
ウェイコ事件　45
『丑三つの村』　154
宇都宮宝石店強盗放火殺人事件　32
うっぷん晴らしのための放火　97
右翼テロリズム　39

●え
英雄志向による放火　96
エコテロリズム　48
fMRI　135
FBI　2
FBI方式のプロファイリング　109
『エレファント』　154
円心仮説　114

●お
オウム真理教　42
『狼よさらば（Death wish）』　153
大久保清事件　67
大阪連続女児レイプ事件　54
オープン質問　141
桶川女子大生ストーカー殺人事件　80
小野悦男事件　10

●か
快楽型　7
科学警察研究所　118,132
科学捜査研究所　118,131

学習性無力感　22
格闘技教室を偽装した子どもに対する性犯罪　59
家族対象大量殺傷　33
家族トラブル・心中型　14
甲山事件　141
関係質問　127
鑑定書　132
管理されていないところ　58

●き
『危険な情事』　156
木嶋佳苗事件　20
キャリア組警察官　158
境界性人格障害　91
虚偽の自白　139
去勢　60
拒絶型　80
拠点モデル　64
切り裂きジャック　105
切り裂きジャック事件　106
『キングダム』　156
緊張最高点質問法　128

●く
盟神探湯　121
クライシスタイプ　102
グリーンピース　48
黒い未亡人型　17
クローズ質問　140

●け
警察庁　158
継時呈示方式　146
けんか型　14
幻覚型　4
検視官　159

●こ
好奇心タイプ　101
行動療法　57
神戸連続児童殺傷事件　119
合理化　93
高齢者の目撃証言　142
呼吸速度　129
『告発の行方』　157
子殺し・心中型　14
固執型ペドフィリア　54

個人的思想に基づくテロ行為　46
言葉による誘惑型　53
子どもに対する性犯罪　51
子どもによる放火　101
子どもの監禁事件　51
子どもの目撃証言　140
混合型　110
コントロール質問法　127

●さ
サーマン事件　89,90
裁決質問　128
最小空間分析　111
佐賀・長崎連続保険金殺人事件　21
搾取型ペドフィリア　55
搾取型レイプ犯　66
『サスペクト・ゼロ』　152
サディスティック型ペドフィリア　55
サディスティック型レイプ犯　67
サディズム　8
『ザ・ファン』　157
左翼テロリズム　37
サリン　42
サルモネラ菌散布　45
3刺激オッドボール課題　134

●し
シーシェパード　48
『Jの悲劇』　157
『地獄の貴婦人　LE TRIO INFERNAL』　153
事後情報効果　137
自殺サイト連続殺人事件　13
事象関連電位　133
『シックス・センス』　153
疾病利得　24
『実録・連合赤軍〜あさま山荘への道』　155
ジニーン・ジョーンズ事件　23
死の天使型　21
柴又上智大学生殺人放火事件　99
自民党本部放火事件　101,148
使命型　6,153
下関大量殺傷事件　30
『ジャガーノート』　154
写真同定　140
写真面割り　146
宗教テロリズム　40
重心仮説　115
集団自殺事件　42
住民基本台帳を用いた連続レイプ事件　61

ジョージ・グレゴリーのケース　25
ジョン・ウェイン・ゲイシー事件　8
『新幹線大爆破』　155
新興宗教におけるテロ類似行為　41
新興宗教によるサラダバー毒素まき散らし事件　44
真実の山羊　122
人種怒りレイプ　66
新宿西口バス放火事件　97
侵入型　53
心拍　129
親密希求型　83
親密性　68
信頼できる筋肉　123
心理試験　125
心理的支配型　91

●す
逗子ストーカー殺人事件　78
スターストーカー　86
ストーカー規制法　77
ストレンジャーレイプ　64
『スピード』　155
スプリー殺人　1

●せ
性愛性　68
精神疾患・薬物中毒による大量殺傷　34
性的イマジネーション　15
性的興奮を得るための放火　96
性的目的の不達成のための放火事件　99
セットアンドラン　154
仙台女児連続レイプ事件　53

●そ
憎悪型　81
ソースアムニジア現象　142
組織犯罪と関連した放火　101

●た
ダーティー・オールドマン　53
『ダーティハリー2』　153
退行型ペドフィリア　55
第7サティアン　43
代理によるミュンヒハウゼン症候群　24
大量殺人　27
宝塚市放火殺人事件　102
多摩地区ほか少女対象広域レイプ事件　52
男性優位思想型　90

●ち
地域安全マップ 58
地下鉄サリン事件 42
痴漢 51
蓄積期 92
秩序型 4
中学校・高校に対する放火事件 103
中枢神経系反応 133
地理的プロファイリング 113

●つ
通勤モデル 64
次の犯行地点の予測 117
つきまとい等 77
つくば母子殺害事件 34
唾くれおじさんの検挙 59
『冷たい熱帯魚』 153
津山30人殺し 31

●て
ティモシー・マクベイによるテロ事件 47
デイル・ネルソン事件 35
デートバイオレンス 89
デートレイプ 63
テーマ分析 67,112
『デスノート』 153
テッド・バンディ事件 11
手配写真 144
デビット・レターマン ストーカー事件 84
テロ行為による放火 100
テロリズム 37
電子監視 60
電車内におけるレイプ犯罪 70

●と
同時呈示方式 146
逃避タイプ 103
都会型放火 95
栃木隣人トラブル殺人事件 83
『突入せよ!あさま山荘事件』 155
都道府県警 157

●な
仲良し型 53
奈良小1女児殺害事件 55

●に
新潟県村上市の女子中学生連れ回し事件 52
似顔絵 143

二者択一式の質問 140
日本赤軍テルアビブ空港銃乱射事件 39
認知行動療法 57

●ね
『眠らない街 新宿鮫』 158
練馬一家5人殺害事件 32
年齢層怒りレイプ 66

●の
ノンキャリア警察官 158
ノンバーバル行動 122

●は
バージニア工科大学銃乱射事件 29
爆発期 92
『バックドラフト』 152
バッファーゾーン 116
ハトシェプスト女王葬祭殿における外国人殺傷事件 41
パトリック・パーディ事件 29
ハネムーン期 92
パワーコントロール型 11
犯行知識検査 128
犯罪型 14
犯罪型大量殺傷 31
犯罪性 68
反社会的衝動の群 71
バンダリズム・非行タイプ 103
『犯人に告ぐ』 159
犯人の居住地点の推定 114
犯人の居住範囲の推定 113

●ひ
P300 133
被害者調査 51
非裁決質問 128
非社会的性固執群 71
秘書を追い回した憎悪型ストーカー事件 82
『羊たちの沈黙』 151
人目のないところ 58
非人間性 68
ビバリー・アリット事件 23
微表情 123
皮膚電気反応 126,129
被誘導性 143
表情の偽装 123
病理タイプ 103

●ふ
不安定型　91
フィールド実験鑑定　148
夫婦トラブル型　14
フォールスネガティブ　130
フォールスポジティブ　130
フォールスメモリー　139
深川通り魔事件　35
福岡スナックママ連続保険金殺人事件　19
復讐およびうっぷん晴らしのための放火事件　98
復讐のための放火　97
藤田博さん宅ストーカー殺人事件　84
『ブラックサンデー』　156
ブラック・セプテンバー（黒い九月）　155
ブランチ・ダビディアン事件　45
『ブレイブワン』　153
プロファイリング　105

●へ
ベースライン　123

●ほ
暴力性　68
『ボーリング・フォー・コロンバイン』　154
他の犯罪の隠蔽のための放火　99
補償型レイプ犯　66
補償的暴力型　91
捕食型　85
ボストン絞殺魔事件　108
北海道・東京連続少女監禁（監禁王子）事件　69
ポリグラフ検査　129

●ま
末梢神経系反応　126
マッド・ボンバー事件　107
マニュエル・パラド事件　7

●み
耳かきショップ店員ストーカー殺人事件　85
脈波容積　129
ミュンヒハウゼン症候群事件　25
『ミュンヘン』　155

●む
無関係質問　127
無差別大量殺傷　28
無資格型　85
無秩序型　3

●め
メーガン事件　60
メーガン法　60
面通し　143,146
面割り　143,146

●も
目撃証言の鑑定　148
モニカ・セレシュのストーキング傷害事件　86
モンタージュ写真　143

●や
『八つ墓村』　154

●ゆ
友情・愛情のもつれ型　14
誘導的な質問　141
夕張保険金対象放火大量殺人事件　100
『ユナイテッド93』　156

●よ
ヨークシャー・リッパー連続殺人事件　116

●ら
『ラブリーボーン』　157

●り
リチャード・チェイス事件　5
リチャード・ファーレイ事件　77
『リップスティック』　157
利得のための放火　100
リバプール方式のプロファイリング　110
リラプスプリベンション　57
『臨場』　159

●れ
冷却期間　1
『レイプ』　157
レイプ神話　72
レベッカ・シェイファー殺害事件　76
連合赤軍リンチ殺人事件　38
連想検査　124
連続殺人　1

●ろ
ロンドンの鉄道レイプ犯　112

●わ
ワシントン・ベルトウェイ連続狙撃事件　115

【著者紹介】

越智　啓太（おち　けいた）

横浜市生まれ。
学習院大学大学院人文科学研究科心理学専攻博士前期課程修了，
警視庁科学捜査研究所，東京家政大学心理教育学科助教授などを経て，
現在：法政大学文学部心理学科教授。
専門：犯罪捜査への心理学の応用，プロファイリング，虚偽検出，目撃証言，
　　　大量殺傷，テロリズム，デートDV等についての研究を行っている。
主著：「progress and application 犯罪心理学」（サイエンス社）
　　　「犯罪捜査の心理学」（化学同人）
　　　「犯罪心理学」（編著）（朝倉書店）
　　　「法と心理学の事典」（共編）（朝倉書店）
　　　「美人の正体」（実務教育出版）

ケースで学ぶ犯罪心理学

2013年 9 月 20 日　初版第 1 刷発行	定価はカバーに表示して
2017年 6 月 20 日　初版第 5 刷発行	あります。

著　者　越　智　啓　太
発行所　㈱北大路書房

〒 603-8303　京都市北区紫野十二坊町 12-8
電　話（075）431 - 0361（代）
FAX（075）431 - 9393
振　替 010050 - 4 - 2083

© 2013　　　　制作／見聞社　　印刷・製本／太洋社
検印省略　乱丁・落丁はお取り替えいたします。
ISBN978-4-7628-2815-7　　Printed in Japan

・ JCOPY〈㈳出版者著作権管理機構 委託出版物〉
本書の無断複写は著作権法上での例外を除き禁じられています。
複写される場合は，そのつど事前に，㈳出版者著作権管理機構
（電話 03-3513-6969,FAX 03-3513-6979,e-mail: info@jcopy.or.jp）
の許諾を得てください。